Menosgada — Die keltische Stadt auf dem Staffelberg

Archäologie in Bayern

Hg. von Prof. Dr. Thomas Fischer, Dr. Karl Heinz Rieder
und der Gesellschaft für Archäologie in Bayern

Dieses Projekt wurde gefördert durch

Gesellschaft
für
Archäologie
in
Bayern e. V.

Landkreis
Lichtenfels

Markus Schußmann

MENOSGADA
Die keltische Stadt auf dem Staffelberg

Ein archäologischer Führer

Verlag Friedrich Pustet
Regensburg

Umschlagmotive:
Vorderseite: *Hauptmotiv:* Grafische Rekonstruktion des Westtores der Siedlung Menosgada auf dem Staffelberg (Link3D); *unterlegtes Motiv:* Aquarellierte Fundzeichnungen vom Staffelberg (Gustav Roßbach); *freistehendes Motiv:* Fibel aus der frühen Latènezeit (Stefanie Friedrich, Archäologische Staatssammlung München);
kleine Motive (v. l. n. r.): Römischer Denar (Stefanie Friedrich, Archäologische Staatssammlung München), Fragmente eines streifenbemalten Gefäßes (Bayerisches Landesamt für Denkmalpflege), Grafische Rekonstruktion der Siedlungsanlage auf dem Staffelberg (Link3D), Bronzene Sichel und Pfeilspitzen der Urnenfelderkultur (Bayerisches Amt für Denkmalpflege), Luftaufnahme des Staffelbergs (Adobe, Sebastian)
Rückseite: Ansicht des Staffelbergs aus Südwesten (Helmut Vorndran)
Klappeninnenseiten: *vorne:* Ansicht des Gipfelplateaus aus der Vogelperspektive von Süden (Bayerisches Landesamt für Denkmalpflege);
hinten: Karte (Bayerisches Amt für Denkmalpflege, Beschriftung durch den Autor)
Autorenfoto: privat

Bibliografische Information der Deutschen Nationalbibliothek
Die Deutsche Nationalbibliothek verzeichnet diese Publikation in der Deutschen Nationalbibliografie; detaillierte bibliografische Daten sind im Internet über http://dnb.dnb.de abrufbar.

2. Auflage 2024

Gutenbergstraße 8 | 93051 Regensburg
Tel. 0941/920220 | verlag@pustet.de

ISBN 978-3-7917-3315-9

Gestaltung: Heike Jörss, Regensburg
Druck und Bindung: Friedrich Pustet, Regensburg
Printed in Germany 2024

Unser gesamtes Programm finden Sie unter
www.verlag-pustet.de

INHALT

ZUM GELEIT

Unser Landkreis Lichtenfels ist reich an kulturellen Schätzen. Manche von ihnen erschließen sich selbst dem flüchtigen Besucher. Das Kloster Banz und die Wallfahrtsbasilika Vierzehnheiligen sind Baudenkmäler von europäischem Rang und prägen den Gottesgarten am Obermain. Andere Kulturgüter dagegen sind auf den ersten Blick unscheinbar. Hierzu zählen die archäologischen Fundstätten.

Die bedeutendste von ihnen ist fraglos der Staffelberg, wo in den zwei vorchristlichen Jahrhunderten ein großes keltisches Oppidum bestand. Von dieser Stadt haben wir seit den Ausgrabungen, die Prof. Dr. Björn-Uwe Abels in den 1970er und 1980er Jahren durchgeführt hat, viele Kenntnisse. Aber längst noch nicht alle Teile des Oppidums sind intensiv erforscht, und manche Funde früherer Jahrzehnte erscheinen heute in neuem Licht.

Bernhard Christoph, ein begeisterter Hobbyarchäologe und verdienter Kommunalpolitiker, hat bei seinen Führungen auf die Lage eines großen Tors auf das Maintal zu hingewiesen. Als der bekannte Krimiautor Helmut Vorndran sich daran machte, einen Roman über die keltische Epoche des Staffelbergs zu schreiben, drängte er liebenswürdig, aber beständig auf nähere Untersuchungen.

Der Landkreis Lichtenfels hat sich seiner Verpflichtung gegenüber seinem historischen Erbe gestellt und eine größere Grabung ermöglicht. Ich danke dem Kreistag, dass er dies möglich gemacht hat. Die Zusammenarbeit mit dem Bayerischen Landesamt für Denkmalpflege war bereichernd; hierfür danke ich dem Leiter der Abteilung Bodendenkmalpflege, Prof. Dr. Sebastian Sommer (†), und dem zuständigen Gebietsreferenten Dr. Andreas Büttner. Die Maßnahme wurde durch das LEADER-Programm der EU und durch die Oberfrankenstiftung finanziell unterstützt. Hierfür danke ich den Verantwortlichen. Der Bezirk Oberfranken hat durch Dr. Wolfgang Hegel das Vorhaben fachkundig beraten. Besondere Anerkennung gilt meiner Mitarbeiterin Andrea Musiol als der Organisatorin des Gesamtprojekts.

Für die Durchführung der Grabung gelang es, mit Privatdozent Dr. Markus Schußmann einen ausgezeichneten Kenner der keltischen Kultur in Süddeutschland zu gewinnen. Ihm und seinem Grabungsteam gilt mein besonderer Dank.

Goethe hat einmal gesagt: „Man erblickt nur, was man schon weiß und versteht." Deshalb ist es wichtig, die durch die jüngste Grabung und die früheren archäologischen Untersuchungen gewonnenen Erkenntnisse zu vermitteln. Es ist daher ein Glücksfall, dass Markus Schußmann sich bereit erklärt hat, das Wissen über die keltische Epoche des Staffelbergs zusammenzufassen. Dies setzt die sichtbaren Reste des Oppidums erst so richtig in Wert. Dem Verlag Friedrich Pustet gilt mein Dank für die Aufnahme des Buchs in sein Verlagsprogramm.

Christian Meißner
Landrat

VORWORT DES AUTORS

Als mir im Jahr 2016 vorgeschlagen wurde, mich in das Kelten-Projekt des Landkreises Lichtenfels einzubringen, war der Staffelberg für mich zunächst wenig mehr als eine vorgeschichtliche Höhensiedlung. Landschaftlich zwar besonders reizvoll, aber doch eine von vielen. Gut, der Forschungsstand war hier besser als an vielen anderen vergleichbaren Orten, und immerhin trug er eine bedeutende Befestigung der Frühlatènezeit, später sogar das einzige spätkeltische Oppidum in Franken. Durch die Sondierungsgrabungen am Westtor – einem der ersten Schritte des Projektes – konnte man, trotz der Störung durch einen modernen Hohlweg, auf ein „anständiges" spätkeltisches Zangentor hoffen. Seine vollständige Freilegung erbrachte dann sogar einen einzigartigen Vertreter dieses Typs und außergewöhnliche Befunde, die vielfach auch noch besonders gut erhalten waren. Auch beim Zusammentragen der Fakten zur Archäologie des Berges und zur Geschichte seiner Forschung stellte sich heraus, dass einiges mehr bekannt ist, als man bisher allgemein angenommen hatte. Es scheint so, als gebe der Staffelberg immer ein bisschen mehr, als man erwartet!

Es ist mir ein Anliegen, dieses Wissen mit der interessierten Öffentlichkeit zu teilen und hoffentlich viele Menschen für den ‚Berg der Franken' und insbesondere seine Vorgeschichte zu begeistern.

Mein Dank gilt zunächst dem Landkreis Lichtenfels, der mir hierzu die Möglichkeit gab, indem er mich für das Kelten-Projekt „an Bord geholt" hat, und im Besonderen Herrn Landrat Christian Meißner, als treibender Kraft hinter dem Ganzen. In Zeiten, in denen Archäologie weithin als Wirtschaftshemmnis angesehen und von vielen als Spinnerei abgetan wird, ist es keine Selbstverständlichkeit, dass sich ein Landkreis aus freien Stücken entschließt, gegen diesen Trend in seine Geschichte zu investieren! Zu danken habe ich auch der LEADER-Förderung und der Oberfrankenstiftung, die dieses Vorhaben maßgeblich finanziell gefördert und damit auch diese Publikation ermöglicht haben.

Bei der Recherche zu diesem Büchlein habe ich insbesondere Unterstützung von Dr. Andreas Büttner und Dr. Markus Ullrich mit ihrem Team in der Dienststelle Seehof des Bayerischen Landesamts für Denkmalpflege erfahren, die mir kollegial und sehr entgegenkommend die dort verwahrten Ortsakten und das Bildarchiv zum Staffelberg nicht nur geöffnet, sondern auch zu veröffentlichen gestattet haben. Die gleiche Unterstützung erfuhr ich durch Frau Prof. Dr. Doris Mischka und Prof. Dr. Thorsten Uthmeier vom Institut für Ur- und Frühgeschichte Erlangen, welche mir Zugang zu den Funden der Sammlung Roßbach gewährten und diese zu publizieren erlaubten. Außerdem überließen mir Frau Dr. Andrea Lorentzen und Frau Stefanie Friedrich – teilweise eigens angefertigte – Fotografien derjenigen Funde vom Staffelberg, die sich in Obhut der Archäologischen Staatssammlung München befinden.

Nicht unerwähnt bleiben dürfen auch Freunde und Kollegen, die mir wie manches Mal eine große Hilfe waren: So opferte Konstantin Teichmann M.A. „im Dienst der Sache" bereitwillig Zeit und Geld, um 3D-Modelle und Fundkarten zu erstellen. Und wie so oft versorgte mich Marcel Honeck M.A. ohne mit der Wimper zu zucken mit schwerer erreichbarer Literatur. Ferner überließ mir Philipp Schinkel M.A. einige Fotografien zur Publikation. Ebenso wie Helmut Vorndran, der trotz eigener „Schreibphase" noch mein Manuskript durchsah und auf Lesetauglichkeit für archäologische Laien prüfte. Als Anstoßgeber des Keltenprojektes auf dem Staffelberg zeigte er sich nicht nur den Ausgrabungen und Ausgräbern sehr verbunden, sondern stets interessiert an den weiteren Fortschritten. Ihnen allen möchte ich auf das allerherzlichste danken! Weil es der Wahrheit entspricht, scheue ich mich auch nicht, hier noch einmal das alte Klischee zu gebrauchen: Ohne sie wäre das alles in dieser Form nicht möglich gewesen!

Ich halte es auch für die richtige Stelle, mich bei allen zu bedanken, die an der Ausgrabung am Westtor teilgenommen haben. Das schließt nicht nur meine Archäologen-Kollegen mit ein, die durch ihren kontinuierlichen Einsatz die großartigen Ergebnisse erst ermöglichten, sondern auch die ehrenamtlichen Helferinnen und Helfer, die uns jeweils nur für kurze Zeit zur Seite stehen konnten und dafür ihre kostbare Freizeit geopfert haben. Mit einigen entwickelten sich richtige Freundschaften. Stellvertretend für die Vielen möchte ich hier Dr. Dietmar Romig erwähnen, der uns auch nach Ablauf seiner „offiziellen Ehrenamtlichenzeit" bis zum Ende immer wieder unterstützte, sowie Friedel Auer, der es auch lange nach seinem Eintritt in den Ruhestand nicht lassen konnte, noch einmal für eine Weile an einen „alten Tatort" zurückzukehren. Zu danken gilt es auch Herrn Bernhard Christoph, der – selbst ein ehrenamtlicher Staffelberg-Veteran – das Projekt von Anfang an begleitet und v. a. auf der politischen Ebene als Kreisrat nach Möglichkeiten unterstützt und mitgestaltet hat.

Abschließend gilt man Dank natürlich auch dem Verlag Friedrich Pustet für die Aufnahme in sein Programm und die inzwischen bewährte Betreuung der Publikation durch seine Mitarbeiter.

Aub, im Februar 2022
Markus Schußmann

Abb. 1: Ansicht des Staffelbergs von Südwesten.

EIN BERG BEHERRSCHT DIE LANDSCHAFT

„An der Nordwestecke der Frankenalb, die vom oberen Main in großem Bogen durchfahren wird, zerfurchen links vom Flusse tief einschneidende und verzweigte Seitentäler den Steilabfall des Weißen Jura und bilden hier von der Hochfläche der Alb westwärts weit ausspringende, natürlich geschützte Bastionen. Einer dieser Vorsprünge, der nahezu ganz von der Weißjuratafel abgeschnürt und überdies von einem langgezogenen, mäßig breiten Felsklotz bekrönt wird, ist der von weither aus dem Maintal sichtbare und wegen seiner Fernsicht von den Höhen des Fichtelgebirges und des Frankenwaldes bis zur Rhön hinüber berühmte Staffelberg über dem oberfränkischen Städtchen Staffelstein."

Mit diesen Zeilen hat Paul Reinecke (1872–1958) die prägnantesten landschaftlichen Merkmale des Staffelbergs skizziert. Aus seiner Beschreibung lassen sich die Gründe herauslesen, warum Menschen diesen Berg seit Jahrtausenden aufsuchen. Heute mögen für die meisten der weite Blick, das Naturerlebnis und die Aussicht auf eine Brotzeit in lauschiger Atmosphäre ausschlaggebend sein **(Abb. 1)**. In vorgeschichtlicher Zeit spielten andere Faktoren eine Rolle: Zum einen die natürlich geschützte, große und fast ebene Siedlungsfläche auf dem Gipfel. Zum anderen die imposante Lage, die einen langen Abschnitt des Handelswegs im Maintal beherrschen lässt.

Der Staffelberg setzt sich aus mehreren Flächen zusammen, die in vorgeschichtlicher Zeit auch besiedelt worden sind. Diese geologisch bedingten „Staffeln“ liegen auf unterschiedlichen Höhen und sind am besten zu erfahren, wenn man sich dem Berg von Westen nähert. Vom weiten Talgrund aus führt der zunächst mäßige, dann immer steiler werdende Anstieg über die Ton- und Sandsteinschichten des sogenannten Braunen Jura (Dogger). Äcker, weiter oben Wiesen und schließlich Wald in den steileren Hängen stellen die heutige Nutzung dieses Geländeabschnitts dar. Darauf sitzt mit einem markanten Absatz die Werkkalkstufe des sogenannten Weißen Jura (Malm). Sie formt den Umriss der Hochfläche und ist am Staffelberg – im Gegensatz zum übrigen Albrand – durch die Reste einer vorgeschichtlichen Wehrmauer (13) künstlich überhöht. Der moderne Fußweg überwindet die Stufe in einem von Menschenhand eingeschnittenen Hohlweg ((15); **Abb. 2**). Durch ihn gelangt man auf das untere Plateau. Diese Bezeichnung ist allerdings etwas irreführend, denn ebene Bereiche sind hier kaum vorhanden und auch nur durch künstliche Ackerterrassen (8) geschaffen. Stattdessen steigt das Gelände noch einmal merklich an, bis die eigentli-

Abb. 2: Hohlweg durch das Westtor.

Abb. 3: Ansicht der Felsklippen des Gipfelplateaus vom Westtor aus gesehen.

che Hochebene erreicht wird. Tatsächlich verläuft von Südosten nach Nordwesten quer durch den Staffelberg eine geologische Verwerfungslinie, aufgrund derer der westliche Teil der Albhochfläche gewissermaßen abgekippt ist. Beide Teile zusammen werden aber im archäologischen Sprachgebrauch als unteres Plateau bezeichnet. Es wird im Osten durch zwei Taleinschnitte gleichsam eingeschnürt und an dieser Stelle durch einen deutlich sichtbaren Erdwall **11** von der anschließenden Jurahöhe getrennt. Auf dem kleineren Westteil des Plateaus wurden bis in die 1970er Jahre Felder bestellt. Heute sind sie mit artenreichen Wiesen überwachsen und durch kleinteilige Böschungen und Heckenraine gegliedert. Der größere Ostteil mit seinem fruchtbaren Lehmboden wird hingegen noch überwiegend landwirtschaftlich genutzt. Auf der Grenze zwischen den beiden Bereichen erhebt sich mit ringsum steilen Hängen das zentrale Gipfelplateau **1**. Es besitzt eine langgestreckte ovale Form, die der Verwerfungslinie folgt, und besteht aus harten Schwammkalken und Riffdolomit. Vor allem auf der schmalen Nordwestseite des Plateaus treten die Gesteine als mächtige Klippen hervor (**2**; Abb. 3). Ansonsten finden sich rings um den Plateaurand die flachen Reste vorgeschichtlicher Befestigungsanlagen **4**. Wie schon in vorgeschichtlicher Zeit gelangt man über einen rampenartigen Weg auf der Nordostseite auf das Gipfelplateau. Durch die Reste von massiven Befestigungsmauern, die zu seiner Sicherung angelegt worden waren, ist noch vor seinem Ende eine ausgeprägte Terrasse **5** entstanden, auf der auch die moderne Bebauung der Klause fußt.

GESCHICHTE DER ARCHÄOLOGISCHEN ERFORSCHUNG

Die Erforschung der Archäologie des Staffelbergs begann verhältnismäßig spät. Als vorgeschichtlicher Fundplatz wurde er überhaupt erst durch den Arzt Gustav Roßbach (1843–1927) erkannt **(Abb. 4)**. Denn nachdem er sich im Jahr 1879 in Lichtenfels angesiedelt hatte, machte er während einer Wanderung auf dem Gipfelplateau (1) die ersten archäologischen Funde. Es muss ein prägendes Erlebnis für ihn gewesen sein, denn er blieb dem Berg fast fünf Jahrzehnte bis zu seinem Tode treu. Seine Sammelleidenschaft soll zwar durch den Anthropologischen Verein in seinem Geburtsort Coburg angeregt worden sein, vermutlich waren aber auch die Entdeckungen von Heinrich Schliemann in Troja und Mykene nicht ganz schuldlos. Durch sie erfuhr die junge „Spatenwissenschaft" nämlich große Popularität. Roßbach sammelte sehr intensiv und akribisch, hinterließ aber nur sehr wenige Aufzeichnungen darüber. Zum Staffelberg gibt es nur zum Teil aquarellierte Fundzeichnungen mit dürftigen Notizen und verstreute Bemerkungen in seinen Briefen **(Abb. 5)**. Er verstand es aber, andere für seine Sache zu gewinnen. Deshalb ist aus der Feder eines Nacheiferers die Schilderung der damaligen Vorgehensweise bekannt:

Abb. 4: Gustav Roßbach.

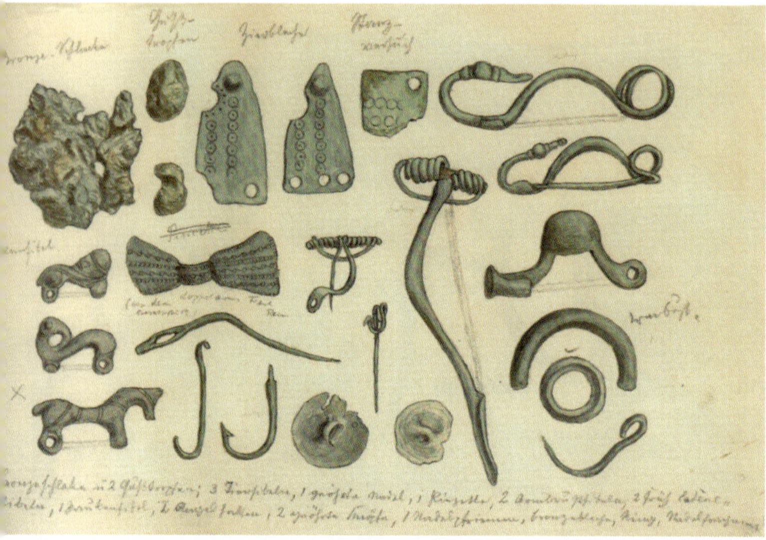

Abb. 5: Aquarellierte Fundzeichnungen vom Staffelberg aus der Feder Gustav Roßbachs.

„Auf dem immer noch bestellten Hochacker des Staffelberg-einsiedlers Ivo brauchte man nur hinter dem Pfluge dreinzugehen, um Feuersteinspitzen, verwitterte Bronzestückchen oder Urnenscherben zu finden, wenn man ein Auge dafür hat. Aber ich habe auch bei Wind und Wetter da oben mit der Hacke so lange geschafft, bis ich sie kaum mehr halten konnte. ... Welch ein Stolz, wenn es mir gelang, eine schöne, große, schwarze Urne freizulegen und zu bergen." (Felix Schlagintweit)

Man muss also davon ausgehen, dass zahlreiche, anscheinend auch nicht ganz unbedeutende Funde in verschiedene Privatsammlungen gelangt sind und heute als verschollen gelten müssen. Ausnahmen stellen die Funde des Bezirkamtmannes Philipp Badum und einiger anderer dar, die in das Museum Bad Staffelstein gelangten. Auch die wichtige Sammlung Roßbachs, die allein vom Staffelberg rund 6500 Objekte umfasst, konnte 1938 von der Universität Erlangen erworben und damit für die Nachwelt gesichert werden.

Exkurs: Klaudios Ptolemaios und Menosgada

Der wohl in Ägypten geborene Grieche *Klaudios Ptolemaios* (ca. 100–170 n. Chr.) wirkte als Mathematiker, Astronom, Philosoph und Geograph in Alexandria. Berühmt ist er heute vor allem für das sogenannte ptolemäische Weltbild, eine längst widerlegte Theorie, nach der sich die Erde im Mittelpunkt des Universums befinden sollte.

Um die Mitte des 2. Jhs. n. Chr. verfasste er aber auch ein kartografisches Werk, die *Geographike Hyphegesis* oder kurz *Geographie.* Aus unterschiedlichen Quellen wie Reiseberichten, Landkarten, Straßenverzeichnissen etc. stellte er darin die geographischen Koordinaten von über 6300 Orten und topografischen Punkten (z. B. Flussmündungen, Berge usw.) der damals bekannten Welt zusammen. Die Lokalisierung vieler dieser Orte bereitet heute aber Probleme. Sie resultieren aus Überlieferungsfehlern, Unterschieden und Ungenauigkeiten seiner Quellen und schließlich der Art und Weise, wie er seine Koordinaten ermittelt hat.

Einer der von Ptolemaios aufgelisteten Orte ist *Menosgada.* Er ist nach seinen Angaben in einiger Entfernung nördlich der Donau anzusiedeln und wurde schon im 19. Jh. irgendwo am Obermain vermutet. Aber erst Paul Reinecke stellte die Verbindung zum Staffelberg her:

„Sicherlich steckt in dem Wort Menosgada der antike Name des Maines; demnach muß es sich hierbei doch um eine am Main gelegene größere Siedelung von Stadtcharakter handeln. Da am oberen und mittleren Main sonst keine derartige spätkeltische Anlage bekannt ist, darf man bei diesem Menosgada wohl an das Staffelberg-Oppidum denken."

Eine Neuberechnung der ptolemäischen Koordinaten ergab eine Lokalisierung in der Nähe von Hallstadt bei Bamberg. Allerdings ist dort keine archäologische Fundstelle bekannt, die es wert gewesen sein könnte, von Ptolemaios erwähnt zu werden. Jedoch liegt der Staffelberg nicht einmal 30 km entfernt. Angesichts des riesigen in der *Geographie* abgedeckten Gebietes und ihren sonstigen Abweichungen, dürfte dies im Toleranzbereich liegen. Zumal wenn man bedenkt, dass das Staffelberg-Oppidum schon fast 200 Jahre nicht mehr existierte, als in Ägypten das Wort *Menosgada* „zu Papyrus" gebracht worden ist.

Abb. 6: Paul Reinecke.

Seit 1908 war Paul Reinecke Hauptkonservator des Bayerischen Landesamts für Denkmalpflege **(Abb. 6)**. Mit ihm unterhielt Gustav Roßbach einen regen Briefwechsel und lieh ihm auch seine Skizzenbücher. In Verbindung mit der Siedlungsgröße veranlasste sein umfangreiches Fundmaterial Reinecke, den Staffelberg unter die keltischen Oppida aufzunehmen. Denn neben einer typischen Zusammensetzung der Funde hatte er beobachtet, dass auf der gesamten Fläche des unteren Plateaus spätkeltische Gegenstände zu finden waren. Vor dem gleichen Hintergrund hatte er als erster die Gleichsetzung der Siedlung mit dem von Klaudios Ptolemaios erwähnten Ort *Menosgada* vorgeschlagen.

Ein paar knappe Notizen Reineckes lassen erkennen, dass schon Roßbach kleine Ausgrabungen auf dem Staffelberg durchgeführt haben muss. Er erwähnt die Freilegung eines Kinderskeletts auf dem Gipfelplateau und eines Depotfundes aus eisernen Gerätschaften und Waffen *„in ¾ m Tiefe"* **(Abb. 7)**. Reinecke selbst hatte bereits 1904 eine umfangreichere Ausgrabung vorgeschlagen. Allerdings konnte keine Einigung mit dem Grundstücksbesitzer erzielt werden. Stattdessen untersuchte er drei Jahre später unter Beteiligung von Roßbach und Badum den gut erhaltenen Wall **11** auf der Ostseite des unteren Plateaus und zwar dort, wo er bereits durch den modernen Fahrweg durchschnitten war. Wie Schürfspuren an den Wällen zeigen, muss es weitere inoffizielle Grabungen gegeben haben, die aber nie aktenkundig wurden. Dazu zählt auch eine „Ausgrabung", die 1938 im sogenannten *Himmelsteich* **6** vorgenommen worden ist. Selbst nach der personellen Aufstockung der bayerischen Bodendenkmalpflege in

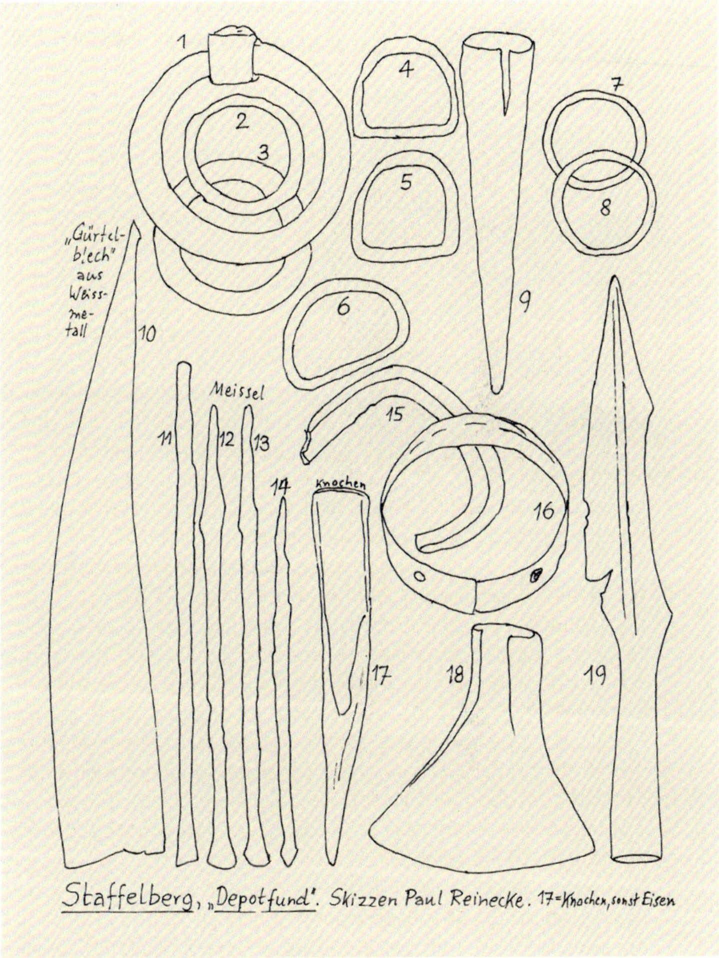

Abb. 7: Skizze Paul Reineckes mit den Objekten aus dem von Roßbach entdeckten Depotfund.

den Nachkriegsjahren konnte Reineckes Plan einer größeren Ausgrabung auf dem Gipfelplateau nicht verwirklicht werden. Dennoch wurden Fortschritte gemacht, denn 1952 fasste Reinecke erstmals schriftlich die Besiedlungsgeschichte des Staffelberges zusammen und schon drei Jahre später liefer-

Abb. 8: Klaus Schwarz.

te Klaus Schwarz (1915–1985) eine detaillierte Beschreibung des Bodendenkmals **(Abb. 8)**. Damit verbunden war eine topografische Planaufnahme, die den Staffelberg großmaßstäblich abbildet und zur wichtigen Grundlage weiterer Forschungen wurde. Die Bedeutung einer solchen Karte hatte man früh erkannt und bereits 1914 fertigte Oberst Heinrich Hinzler sie an. Da sie wie seine ausführliche Beschreibung jedoch nie publiziert worden ist, blieb sie ohne vergleichbare Wirkung.

Das Ausheben eines Wasserleitungsgrabens zwischen der Klause auf dem Gipfelplateau und der Ortschaft Romansthal leitete im Herbst 1960 ein neues Kapitel ein. Man hatte erst zu spät von den Baumaßnahmen erfahren, sodass nur noch die Zerstörung dokumentiert werden konnte. Das Ausbleiben von Funden und die nur spärlich erhaltenen Siedlungsstrukturen nahm Klaus Schwarz zum Anlass, die Deutung als Oppidum in Frage und eine echte Besiedlung des unteren Plateaus sogar in Abrede zu stellen. An eine Siedlungsleere wollte allerdings Konrad Radunz, Lehrer und ehrenamtlicher Mitarbeiter der Denkmalpflege, nicht glauben. Zusammen mit seinen Schülern führte er daher auf dem unteren Plateau intensiv Feldbegehungen durch. Dabei konnte er tatsächlich rund 1200 vorgeschichtliche Keramikscherben aufsammeln und so die Ansichten Schwarz' widerlegen. Überhaupt scheint das Aufsammeln von Funden – v. a. auf dem Gipfelplateau – seit Roßbachs Zeiten nie abgerissen zu sein. Die zunehmende Bekanntheit des Fundplatzes führte vielmehr zu einer Zunahme und zur weiteren Zerstreuung des Fundmaterials, das auch nur sporadisch gemeldet wurde. Eine Wende brachte um die Mitte der 1970er Jahre erst die Umwandlung zahlreicher Ackerflächen in Wiesen.

Unter der Leitung von Udo Osterhaus (1938–1993) konnten 1967 bei Ausgrabungen im Vorgriff auf Bauarbeiten an der

Abb. 9: Udo Osterhaus erklärt Besuchern die Befunde der Ausgrabung von 1967.

Klause erstmals grundlegende Erkenntnisse zur Befestigungsgeschichte des Gipfelplateaus gewonnen werden **(Abb. 9)**. 1974 führte dann Björn-Uwe Abels die erste moderne Walluntersuchung auf dem unteren Plateau durch und nahm ab 1978 als zuständiger Gebietsreferent zahlreiche weitere Ausgrabungen vor **(Abb. 10)**. Dabei konnten wichtige Erkenntnisse zu den Wehranlagen und erstmals auch zu den Besiedlungsstrukturen in verschiedenen Bereichen der Innenfläche gewonnen werden.

Abb. 11: Das Westtor während der Ausgrabung 2019.

Abb. 10: Björn-Uwe Abels.

Seit den 1990er Jahren werden vom Bayerischen Landesamt für Denkmalpflege immer wieder auch geomagnetische Prospektionen (s. Exkurs S. 58) durchgeführt, die zur Erkundung der Innenfläche beitragen.

Den vorerst letzten Forschungsabschnitt stellt die Ausgrabung des Westtores (15) dar, welche 2018 und 2019 auf Initiative des Landkreises Lichtenfels durchgeführt worden ist **(Abb. 11)**. Sie konnte nicht nur unsere Kenntnis der Befestigungswerke und ihrer Bauweise ergänzen, sondern lieferte auch ungeahnte Einsichten in den Alltag und die Abläufe auf einer keltischen Baustelle, zum hohen Stand der Baukunst vermeintlicher Barbaren sowie zur Geschichte der frühen Stadt auf dem Staffelberg und ihren sichtbar nach außen getragenen Machtanspruch.

Abb. 12: Neolithische Funde: Steinbeil und Silexdolch.

WAS WAR ZUVOR?

Es wird niemanden erstaunen, dass der Gipfel des Staffelbergs (1) mit seiner die Landschaft beherrschenden Topografie und weiten Fernsicht schon früh den Menschen angezogen hat.

Alles begann im 6. Jahrtausend v. Chr. mit den Trägern der *Linearbandkeramischen Kultur*, die als erste sesshafte Bauern in Mitteleuropa lebten. Üblicherweise wählten sie die fruchtbaren Lößböden zwischen dem Pariser Becken und dem Karpatenbogen für ihre Ansiedlungen aus. In Oberfranken machten sie aber immer wieder Ausnahmen und suchten auch natürlich geschützte Hochflächen auf. Nach einer längeren Unterbrechung folgt um die Mitte des 4. Jahrtausends v. Chr. die *Michelsberger Kultur*, die nach einem Fundplatz in Baden benannt ist. Für sie waren befestigte Siedlungen auf Höhen typisch und tatsächlich wurde zwischen den Felsklippen auf dem Osthang die erste künstliche Verteidigungsanlage mit Wall und Graben ausgeführt. Neben mehreren vollständigen Stücken zeigen insbesondere zahlreiche Produktionsabfälle, dass hier damals in durchaus nennenswerter Menge Steinbeile hergestellt worden sind. Das Rohmaterial, der graue Hornblendegneis des Frankenwaldes, ließ sich leicht aus den Schottern des Rodach- und Maintales gewinnen. Auf eine weitere zeitliche Lücke folgten im späten 3. Jahrtausend v. Chr.

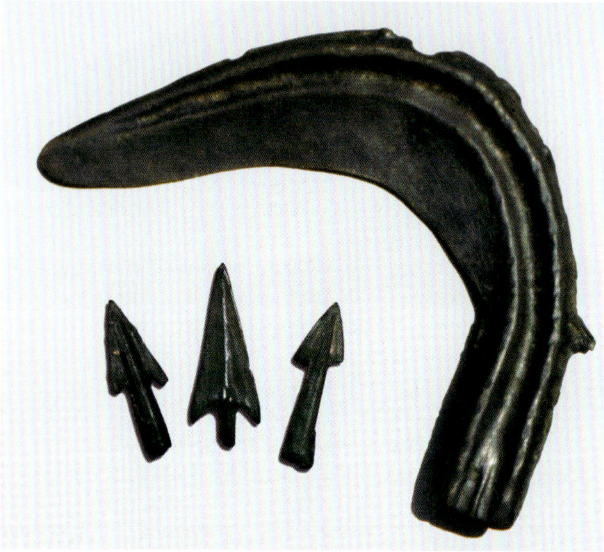

Abb. 13: Bronzene Sichel und Pfeilspitzen der Urnenfelderkultur.

Abb. 14: Bronzene Fibeln der späten Hallstattkultur.

Funde der *Schnurkeramischen Kultur* **(Abb. 12)**. Diese ist vor allem durch Grabfunde bekannt, sodass man nur wenig über ihre Siedlungsgewohnheiten weiß. Aber gerade in Franken konnten schon des Öfteren markante Höhen mit dieser Kultur in Zusammenhang gebracht werden.

Angesichts dieser Entwicklung während der Jungsteinzeit, die durchaus mit anderen bedeutenden Höhensiedlungen vergleichbar ist, verwundert es, dass der Staffelberg in der nachfolgenden Bronzezeit erst relativ spät wieder aufgesucht worden ist. Noch dazu in einem Zeitabschnitt, in dem Höhen nur vergleichsweise selten besiedelt wurden. Diese Siedlung des 13. bis 11. Jhs. v. Chr. ist der *älteren Urnenfelderkultur* zuzurechnen, welche nach den vorherrschenden Bestattungssitten benannt ist. Wie das fehlende künstliche Befestigungswerk und die nur wenigen gefundenen Bronzepfeilspitzen zeigen, scheint sie keine ausgeprägte militärische Komponente besessen zu haben. Auch ihre geringe Größe spricht eher für eine regionale Bedeutung. Dennoch ist durch Gerätschaften und Schmuckstücke aus Bronze **(Abb. 13)**, ja sogar kostbare Glasperlen ein gewisser Wohlstand zu verzeichnen. Vielleicht resultierte dieser aus der Verarbeitung von Bronze, welche durch Rohmaterial, Gussformen, Abfallstücke und Halbfabrikate gut nachgewiesen ist.

Während des folgenden letzten Abschnitts der Bronzezeit und der Frühphase der Eisenzeit ist auf dem Staffelberg keine Besiedlung nachzuweisen. Erst um die Mitte des 6. Jhs. v. Chr., in der *späten Hallstattkultur*, erkannte man erneut seine natürlichen Vorzüge **(Abb. 14)**. Es waren frühe Kelten, die nun zum ersten Mal eine richtige Wehrmauer aus Holz und Erde um das Plateau **4** errichteten. Zusätzlich sicherten sie den damals wie heute auf der Nordostseite heraufführenden Zugangsweg durch eine 2 m breite Steinmauer **5**. Nach ein paar Jahrzehnten wurde die Mauer auf dem Plateau durch ein gleich breites, steinernes Bauwerk ersetzt und die Trockenmauer entlang des Zugangswegs auf 4,8 m Dicke erweitert. Durch diesen massiven Ausbau, der in der ersten Hälfte des 5. Jhs. v. Chr., also zu Beginn der *Frühlatènezeit* stattfand, erhielt die Anlage nun endlich einen burgartigen Charakter **(Abb. 15)**. Dieser wurde auch wenige Jahrzehnte später bei der Erneuerung der Fortifikationen durch gleiche Dimensionen aufrechterhalten. Vermutlich zu diesem Zeitpunkt erwei-

Abb. 15: Freigelegte Befestigungsmauer der frühen Latènezeit auf der Nordost-Terrasse.

terte man die Siedlung auch, denn unterhalb des Plateaus, in den flacheren Hangbereichen der Ostseite, ließen sich Siedlungsspuren nachweisen. Dieser vorburgartige Siedlungsbereich scheint zudem von einem schmalen Ringgraben 9 umgeben gewesen zu sein, der entweder an das Gipfelplateau anband oder es vielleicht sogar gänzlich einschloss.

Mit 3 ha Innenfläche (hier nur das Gipfelplateau gerechnet) gehört der Staffelberg schon zu den größeren Anlagen der Frühlatènekultur in Oberfranken, an deren Spitze die zwölfmal so große Ehrenbürg bei Forchheim steht. An beiden Orten fanden sich qualitätsvolle, auf der Töpferscheibe hergestellte und elegant verzierte Keramikgefäße, die zusammen mit zahl-

Abb. 16: Auf der Töpferscheibe hergestellte Keramikgefäße der frühen Latènezeit.

Abb. 17: Bronzene Situla aus den Mainkiesen bei Seubelsdorf.

reichen Metallfunden für ein herausgehobenes Sozialmilieu stehen (**Abb. 16**). Bei diesem frühkeltischen Adel waren auch eimerartige Gefäße aus Bronze, sogenannte Situlen, beliebt. Man benötigte sie zum Verteilen von Wein bei Trinkgelagen, um möglichst stilecht den exotischen Lebensstil der italischen Oberschichten nachzuahmen. Am südlichen Fuß der Alpen hergestellt, gelangten sie als kostbare Exportgüter in den Norden. Auf der Ehrenbürg haben sich davon mehrere Bruchstücke gefunden und ein fast vollständiges Exemplar konnte in nur 6 km Entfernung vom Staffelberg bei Seubelsdorf aus den Mainkiesen geborgen werden (**Abb. 17**). Es ist eine verlockende Vorstellung, dass diese Situla einmal über den sorgfältig geschotterten Weg (**15**, **Abb. 90**) auf das Bergplateau gelangt sein könnte, der zumindest abschnittsweise einen ähnlichen Verlauf wie der heutige Fußweg aus dem Tal herauf hatte. Zwar war seine Bauweise nicht sonderlich ausgefeilt, doch er gehört zu den frühesten künstlich mit Steinen befestigten Wegen nördlich der Alpen. Die überaus große Seltenheit solcher Befunde und der offensichtliche Umfang des Bauprojekts unterstreichen nicht nur die Bedeutung von Verkehr und Gütertransport in der damaligen Zeit, sondern auch

Abb. 18: Querschnitt durch eine frühlatènezeitliche Vorratsgrube im Südteil des Gipfelplateaus.

die Macht des Auftraggebers. Der Bau musste ja nicht nur geplant, durchgesetzt und überwacht werden, sondern man brauchte Arbeitskräfte, die dann in anderen Bereichen fehlten und zusätzlich versorgt werden mussten.

Über die Besiedlung des Gipfelplateaus lässt sich nur vergleichsweise wenig aussagen. Immerhin konnten durch Ausgrabungen und Prospektionen sehr viele mannstiefe, zylinder- bis kesselförmige Vorrats- und Kellergruben nachgewiesen werden **(Abb. 18)**. Ihre Zahl wird auf etwa 1700 geschätzt. Auch wenn sie nicht alle gleichzeitig in Nutzung standen und sich auf die etwa 150–170 Jahre der Nutzung der Burganlage verteilen, so illustrieren sie dennoch die dichte Besiedlung des Hochplateaus. Die hohe Anzahl macht es sogar wahrscheinlich, dass hier nicht nur die selbst erwirtschafteten Getreidevorräte der Burgbewohner gelagert, sondern auch Abgabenlieferungen aus dem Umland zur späteren Wiederverteilung gesammelt worden sind. Nach welchen Kriterien diese Umverteilung erfolgte, ist uns leider nicht bekannt. Aber immerhin untermalen selbst diese einfachen Gruben ein vielschichtiges Wirtschafts- und Sozialsystem. Das Zusammenspiel vieler für sich genommen unscheinbarer Details zeigt also, dass sich der Staffelberg im Verlauf des 5. Jhs. v. Chr. zu *dem* regionalen Zentrum am Obermain entwickelt hatte.

Bald nach 380 v. Chr. zerstörte allerdings ein Feuer die florierende Burganlage, ihre Bewohner gaben sie auf und verließen den Ort. Ähnliches wiederholte sich nicht nur auf den kleineren Burgen der Umgebung, sondern auch auf nahezu allen befestigten Höhensiedlungen Nordbayerns: Die keltischen Wanderungen hatten begonnen.

Abb. 19: Verbreitung der Latènekultur (hellgrün = Kernzone; dunkelgrün = Expansionsgebiet).

DIE KELTEN IN OBERFRANKEN

Sprachwissenschaftlich lässt sich ab der Mitte des 2. Jahrtausends v. Chr. in Süddeutschland eine Bevölkerung erschließen, die eine frühe Form des Keltischen gesprochen hat. „*Keltoi*" werden allerdings erst in griechischen Schriftquellen aus dem 6. Jh. vor Chr. erwähnt. Dennoch sind dadurch die Kelten das erste vorgeschichtliche Volk nördlich der Alpen, dessen Namen wir kennen. Aus archäologischer Sicht können sie zunächst mit der *Hallstattkultur* (ca. 800–480/450 v. Chr.) und später mit der *Latènekultur* (ca. 480/450–15 v. Chr.) verbunden werden **(Abb. 19)**. Die Kelten verbreiteten die Kenntnis der Gewinnung und Verarbeitung des neuen Werkstoffes Eisen und machten den Schmied zum wichtigsten Handwerker. Seine oftmals höchst kunstfertigen Produkte drangen nahezu in jeden Lebensbereich vor.

Zu der Zeit, als die Kelten erstmals erwähnt werden, blühte in Ostfrankreich, der Schweiz und Südwestdeutschland eine hoch stehende Adelskultur. Ihr außergewöhnlicher Wohlstand manifestierte sich in prächtigen Burganlagen – sogenannten „Fürstensitzen" – und prunkvoll mit Beigaben ausgestatteten Gräbern in monumentalen Grabhügeln. Sie unterhielten enge Kontakte zum Mittelmeerraum und bezogen von dort wertvolle Luxusgüter über die griechischen Kolonien in Südfrankreich und von den Etruskern in Italien. Auch in Oberfranken gab es zu dieser Zeit viele Burgen, jedoch waren diese merklich kleiner und beherrschten jeweils ein weit weniger ausgedehntes Umland. Anders als bei ihren Nachbarn im Westen bildeten sich keine übergeordneten Zentren heraus. Ob dies auf fehlende Bestrebungen zurückzuführen ist oder auf das erfolgreiche Sich-Behaupten der zahlreichen kleinen Herrschaften, ist nicht zu entscheiden. Zumindest waren sie aber bestrebt, im Rahmen der eigenen Möglichkeiten dem Vorbild der mächtigen Nachbarn nachzueifern. Es ist bemerkenswert, wie sehr diese Situation der territorialen Zersplitterung Frankens vor der Eingliederung in das Königreich Bayern gleicht.

Die befestigten Höhensiedlungen der Hallstatt-Eliten sind in Oberfranken nur unzureichend erforscht. Am besten noch der Staffelberg, auf dem jedoch aus dieser Zeit nur Reste der Verteidigungsanlagen nachgewiesen werden konnten. Die zugehörigen Siedlungsspuren waren bereits gestört und überlagert. Anderswo in Franken konnten aber Bebauungsreste und Funde ausgegraben werden, die sich nur wenig von denjenigen in Siedlungen einfacher Leute unterschieden. Weitgehend ungeklärt ist, warum solche Burganlagen überhaupt entstanden sind. Verschiedene Faktoren scheinen hierbei zusammengespielt zu haben. Strategisch günstige Lagen, Verkehrsgunst, Rohstoffquellen, fremde Vorbilder und eine zunehmende Gliederung der Gesellschaft kommen dafür am ehesten in Betracht.

Um die Mitte des 5. Jhs. v. Chr. wurden die „Fürstensitze" aufgegeben und die alte Elite durch eine neue abgelöst. Diese stellte sich zwar auf der einen Seite deutlich kriegerischer dar, beschäftigte aber auf der anderen Seite überaus begabte Kunsthandwerker, die einzigartige Kunstwerke in einem völlig neuen Kunststil schufen. Es ist wohl kein Zufall, dass die Mittelpunkte dieser neuen Frühlatènekultur in früheren Randgebieten lagen: im nordöstlichen Frankreich, in Hunsrück und Eifel, in Böhmen und Nordostbayern. In Franken und der Oberpfalz entstanden nun erstmals Zentralorte, die eine solche Bezeichnung verdienen. Allen voran ist die Ehrenbürg bei Forchheim zu nennen: Mit 36 ha Innenfläche, einer über 6 m dicken Befestigungsmauer und einem sehr umfangreichen Fundspektrum übertrifft sie alle anderen. Ihre Funde werfen Schlaglichter nicht nur auf verschiedenste Handwerkszweige und alle Bereiche des täglichen Lebens, sondern sie belegen durch Waffenbestandteile und Importe aus dem Mittelmeerraum auch die Anwesenheit des Adels. Rund 25 000 in den Fels eingehauene Vorrats- und Kellergruben lassen erahnen, welche Rolle sie als Redistributionszentrum gespielt haben und wie groß ihr Einzugsgebiet gewesen sein muss. Allein in ihrem näheren Umland sind rund 400 kleinere Siedlungen nachgewiesen.

Zur gleichen Zeit ist auch das Obermaingebiet relativ dicht und gleichmäßig besiedelt **(Abb. 20)**. Verteilt über die fruchtbaren und ertragreichen Talböden streuten bäuerlich geprägte Weiler und kleine Dörfer über die Landschaft, die gewissermaßen das wirtschaftliche Rückgrat bildeten. Weit seltener waren befestigte Höhensiedlungen, die nach wie vor von der Oberschicht besetzt waren, welche von dort aus das Umland beherrschte. Unter Ausnutzung der natürlichen Gegebenheiten waren sie gut zu befestigen und leicht zu verteidigen. Je größer und beherrschender gelegen die Höhensiedlung war, desto größer war auch die Bedeutung ihrer Bewohnerschaft. Im Obermaingebiet hatte demnach unzweifelhaft der Staffelberg die Führungsrolle inne.

Bald nach dem Beginn des 4. Jhs. v. Chr. kam es zu einem einschneidenden Klimasturz. Er führte nicht nur zu einer Reihe von Ernteausfällen, sondern laugte durch häufige Niederschläge auch die Böden aus und machte sie unbrauchbar. Diese drastische Verschlechterung der Lebensbedingungen hatte schwere gesellschaftliche Unruhen und sogar kriegerische Auseinandersetzungen zur Folge. Zerstörungsspuren auf dem Staffelberg und der Ehrenbürg legen ein beredtes Zeugnis darüber ab. Das Ergebnis ist eine weitgehende Entvölkerung Nordostbayerns – und damit auch Oberfrankens – und der Beginn der sogenannten Keltenwanderungen, von denen die antiken Schriftquellen berichten. Von nun an dehnten die

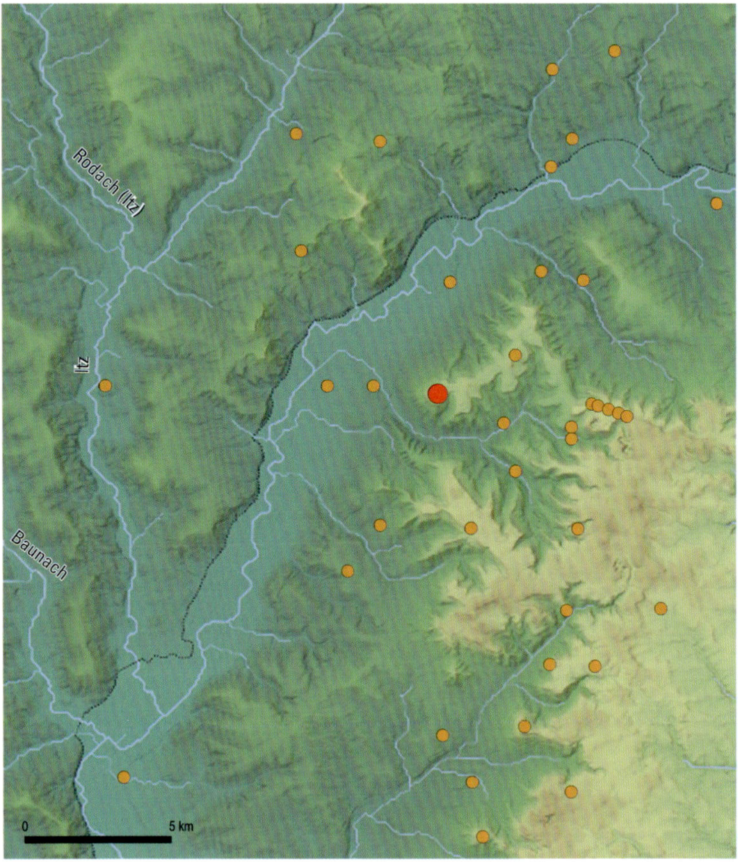

Abb. 20: Verbreitung der frühlatènezeitlichen Fundstellen am Obermain (Staffelberg = rot).

Kelten ihre Siedlungsgebiete über weite Teile Europas aus: von der Atlantikküste bis nach Norditalien, von Spanien bis auf den Balkan und sogar nach Anatolien. Als Siedler, Söldner in fremden Diensten oder auf eigenen Kriegszügen kamen sie dabei in einen engeren Kontakt mit den Mittelmeerkulturen als jemals zuvor.

Aber schon ab dem 3. Jh. v. Chr. wurden die Kelten in Italien durch die Römer allmählich zurückgedrängt. Viele kehrten daraufhin in ihre Stammländer zurück und brachten der keltischen Kultur viele neue Impulse.

Nach dem Beginn der keltischen Wanderungen war Franken für gut 200 Jahre kaum oder nahezu gar nicht besiedelt. Ausnahmen bildeten nur die Region um das Maindreieck und einige verstreute Fundplätze in Oberfranken. Die Wiederbesiedlung erfolgte, ausgehend vom Donauraum, von Süden her. Noch vor der Mitte des 3. Jhs. v. Chr. sind in Mittelfranken Einwanderer aus Böhmen nachzuweisen und innerhalb der nächsten zwei Generationen verdichtete sich auch in Oberfranken die keltische Besiedlung wieder. Ab ungefähr 200 v. Chr. entwickelte sich zwischen Altendorf und Hirschaid (Lkr. Bamberg) eine große Siedlung. Im Regnitztal an einer wichtigen Verbindung zwischen Main und Donau gelegen, wurde sie schnell zu einem bedeutenden Zentrum von Handwerk und Handel. Zahlreiche Funde künden vom Wohlstand ihrer Bewohner. Fernhandelsgüter aus Italien und Frankreich gelangten dorthin, Münzen wurden geprägt. Demnach dürfte der keltische Adel dort nicht nur ansässig gewesen sein und die Siedlung verwaltet haben, sondern er könnte auch an der Organisation des Handels beteiligt gewesen sein. Die Reste eines größeren bronzenen Kultbildes in Gestalt eines Stieres sprechen der Siedlung von Altendorf außerdem eine gewisse Bedeutung als religiöses Zentrum zu.

Wenige Jahrzehnte später, zwischen etwa 180 und 150 v. Chr. erreichte die Wiederbesiedlung mit der Neugründung des Oppidums auf dem Staffelberg gleichsam ihren Höhepunkt. Damit wurde nicht nur ein weiterer Wirtschaftsmittelpunkt geschaffen, sondern auch eine Siedlung, die ihren Machtanspruch durch eine dominante Lage und eine aufwendige Wehrarchitektur weithin sichtbar zur Schau stellte. Anscheinend ohne wirtschaftlich mit Altendorf in Konkurrenz zu treten, stieg der Staffelberg zu einem überregional bedeutsamen Zentralort auf. Seine alltägliche Versorgung erfolgte aus dem näheren Umland, das ebenfalls neu organisiert wurde **(Abb. 21)**. Der Berg lag nicht mehr im Zentrum der Siedlungslandschaft, sondern an deren nördlichem Rand. Gleichzeitig lagen die bäuerlichen Weiler und Dörfer nicht mehr gleichmäßig gestreut, sondern jeweils in kleinen Gruppen beieinander. Offenbar eine Siedlungsweise, die durch die neuen Siedler mitgebracht worden war.

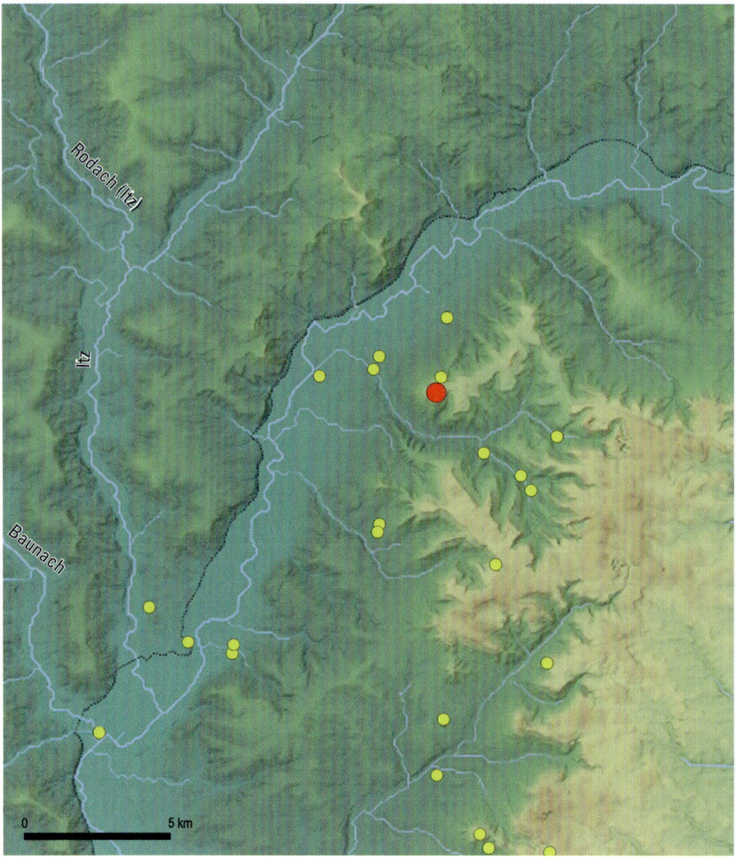

Abb. 21: Verbreitung der spätlatènezeitlichen Fundstellen am Obermain (Staffelberg = rot).

Seit dem Beginn des 1. Jhs. v. Chr. kam es in Süddeutschland immer wieder zu kriegerischen Einfällen kleinerer und größerer Gruppen von Germanen. Sie störten in zunehmendem Maße das wirtschaftliche Gefüge. Um die Jahrhundertmitte war es soweit geschwächt, dass als Folge weiterer Störungen sogar die großen Zentralorte und Oppida aufgegeben werden mussten. Danach verlor die keltische Kultur schließlich ihr eigenständiges Gepräge und erlosch.

Abb. 22: Das Oppidum aus der Vogelperspektive.

DAS SPÄTKELTISCHE OPPIDUM

Oppidum (Mehrzahl: *oppida*) ist kein keltisches Wort, sondern stammt aus dem Lateinischen und bezeichnet eine „Stadt" oder einen „befestigten Ort". In seiner Beschreibung des „Gallischen Krieges" verwendet C. J. Caesar den Begriff für die keltischen Städte in Frankreich. Nachdem bereits im 19. Jh. einige davon lokalisiert und teilweise ausgegraben werden konnten, bürgerte sich die Bezeichnung in der archäologischen Fachsprache ein. Übereinstimmungen im Fundgut und in den Befestigungswerken führten dazu, dass auch keltische Stadtanlagen außerhalb Frankreichs als Oppida bezeichnet wurden. In einem breiten Streifen von England und der französischen Atlantikküste im Westen bis Ungarn und der Slowakei im Osten kennt man heute rund 200 Oppida. Der Staffelberg ist eines von ihnen und gleichzeitig das einzige in Franken (**Abb. 22**).

Abb. 23: Markttreiben im Oppidum.

Sie entstanden während der zweiten Hälfte des 2. Jhs. v. Chr. als umwehrte Siedlungen, die zwischen einem Dutzend und mehreren hundert Hektar Fläche umfassen können. Ihre oftmals mehrere Kilometer langen Befestigungsanlagen mit aufwendig gestalteten Toren dienten dabei nicht allein der Verteidigung, sondern waren auch monumentale Prestigebauten. Sie verfolgten das Ziel, jeden der sich näherte – egal ob in friedlicher oder feindlicher Absicht –, zu beeindrucken. Der Innenraum war durch Straßen und Wege erschlossen, bisweilen in Parzellen oder regelrechte Viertel gegliedert. Dazwischen lagen öffentliche Plätze und Tempelanlagen.

Ein grundlegender Bestandteil der städtischen Lebensweise waren die wirtschaftlichen Aktivitäten, denn mit der handwerklichen Produktion und dem Handel konzentrierten sich auch Wohlstand und Reichtum in den Oppida. Sie waren Knotenpunkte quirliger Aktivität. Menschen kamen und gingen, mit ihnen Güter, Waren und Ideen. Bauern aus dem Umland brachten ihre Produkte zum Verkauf oder Tausch auf den Markt **(Abb. 23)**. Zum Schlachten bestimmtes Vieh wurde durch die Stadttore hineingetrieben, Wagenladungen mit Getreide herangekarrt und Körbe voll Obst, Gemüse und sicherlich auch Käse, geräucherte Würste und Schinken hereingeschleppt. In kleinen Läden boten die ansässigen Handwerker ihre Erzeugnisse feil, darunter Werkzeuge, Schmuck oder auch Töpferwaren. Kurz und gut, alles, was man nicht selbst herstellen konn-

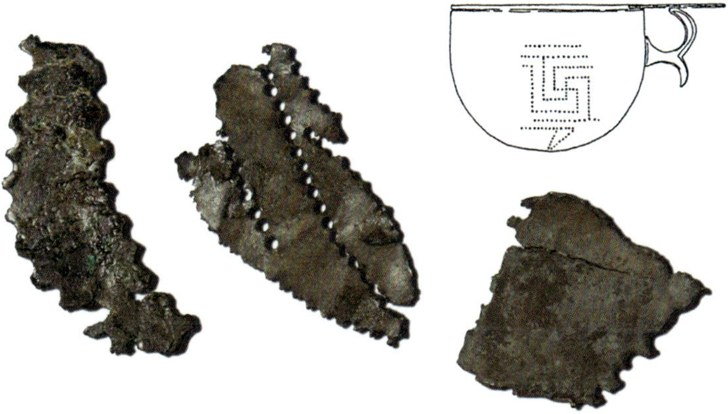

Abb. 24: Bruchstücke von Siebgefäßen aus Bronzeblech (oben zeichnerische Rekonstruktion).

te, wechselte den Besitzer. Holzhändler und Köhler versorgten die Haushalte und Werkstätten mit Brennmaterial, Eisenschmelzer belieferten die Schmiede mit Barren aus Roheisen, während andere Rohstoffe wie Glas aus dem Mittelmeerraum, Kupfer und Salz aus den Alpen, Bernstein von der Ostsee oder Zinn von den Britischen Inseln durch weit gereiste Händler in die Stadt gelangten. Sehr beliebt war auch Wein aus Italien, der von südfranzösischen Häfen aus auf Flüssen in den Norden verfrachtet wurde. Von antiken Schriftstellern wissen wir, dass reiche Kelten bereit waren, einen Sklaven für nur eine Amphore Wein einzutauschen. Für die römischen Händler bedeutete dies ein unverschämt gutes Geschäft. Aber nicht nur diese zogen durch hohe Gewinnspannen ihren Nutzen aus dem Handel, sondern auch der keltische Adel, der gerne die Trinksitten der römischen Oberschicht nachahmte und sich das dazu nötige Trinkservice über die Alpenpässe in den Norden kommen ließ. Auf diese Weise gelangten nicht nur Eimer zum Vermischen des Weins mit Wasser und Gewürzen, Siebgefäße, um ihn wieder zu reinigen **(Abb. 24)**, Kannen und Schöpfkellen zum Ausgießen und Becken zum Händewaschen aus Bronzewerkstätten in Mittel- und Norditalien ins Land, sondern auch elegante Trinkschalen aus Töpfereien bei Arezzo und erlesene Trinkbecher von den griechischen Inseln, die aus dünnem Glas gefertigt waren und im Licht wie bunte Blumenwiesen oder ein geschliffener Achat leuchten konn-

Abb. 25: Verbreitung der keltischen Oppida (Oppida = weiß; Refugia = hellgrün; Staffelberg = rot).

ten. Allesamt über die Maßen seltene und kostspielige Dinge, mit denen der Adel seinen Reichtum und seine Macht gut sichtbar zur Schau stellen konnte.

Er konnte sich das leisten, weil er die Städte als Warenumschlagplätze nicht nur organisierte, sondern auch kontrollierte und durch Abgaben und Zölle lukrative Profite erzielen konnte. Und wer weiß, vielleicht war so manche keltische Adelsfamilie auch direkt am Handel selbst beteiligt. Der Fernhandel jedenfalls war der Motor des spätkeltischen Wirtschaftssystems und damit auch die treibende Kraft, welche die keltischen Städte „am Laufen" hielt. Er umspannte nahezu die gesamte keltische Welt von der Atlantikküste bis zur ungarischen Tiefebene **(Abb. 25)** und war auf das engste mit dem römischen Handelsnetz verknüpft. In einzelnen Fällen kann man anhand von Gewandschließen oder Gürtelbeschlägen aus Metall, auf Personen schließen, die weit gereist waren und eine fremde Tracht trugen. Fremd dürften auch die Menschen gewesen sein, auf die Sklavenfesseln ein Schlaglicht werfen. Sie beleuchten einen dunklen, unmenschlichen Aspekt und lassen für einen kurzen Moment die andere Seite der Gesellschaft aufscheinen, auf deren Rücken die Geschäfte ausgetragen wurden. Meistens wird es sich um im Krieg gefangene und verschleppte Menschen gehandelt haben, die

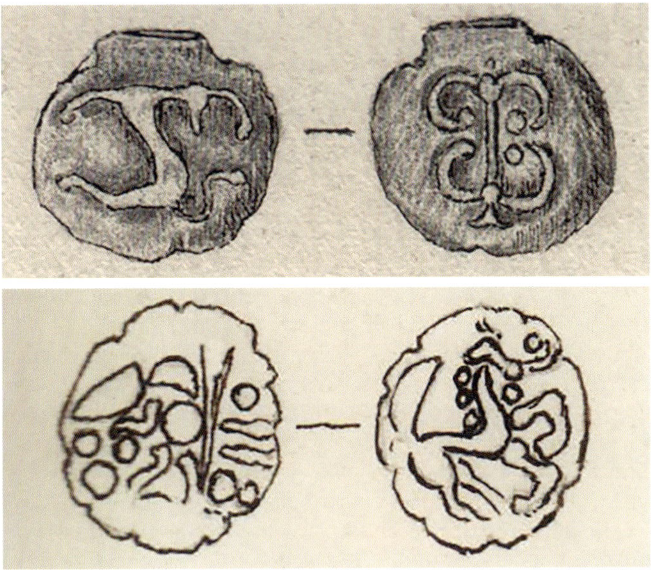

Abb. 26: Zeichnungen Gustav Roßbachs einer helvetischen (oben) und einer boiischen Münze (unten).

vermutlich erst durch die verstärkten Wirtschaftsbeziehungen mit der Mittelmeerwelt zur Ware geworden sind. Es ist nicht unwahrscheinlich, dass viele von ihnen schließlich auf Sklavenmärkten in Italien oder Rom weiterverkauft wurden.

Vielfach sind es aber die handwerklichen Produkte und mehr noch die Münzen, die uns die Ausdehnung des Handelsnetzes und den Umfang der Aktivitäten verdeutlichen. In größeren keltischen Siedlungen finden sich regelhaft Münzen unterschiedlichster Herkunft, sozusagen „aus aller keltischen Herren Länder". Zwar kann ein einzelnes Stück nicht zwingend als Beleg für einen unmittelbaren Kontakt zu ihrem Herkunftsort gewertet werden, denn damals wie heute gingen Münzen durch viele Hände. Aber sie können einen Hinweis auf die wirtschaftlichen Verbindungen geben, besonders wenn sich mehrere Stücke aus demselben Gebiet finden lassen. So können für den Staffelberg beispielsweise Beziehungen in die Schweiz, nach Böhmen **(Abb. 26)** und Frankreich angenommen werden und eine enge Bindung an den bayerischen Donauraum, denn gleich mehrere kleine Silbermünzen weisen zum Oppidum von Manching. Das rege Hin und Her von Menschen brachte aber nicht nur einen Austausch aller möglichen Waren und Güter in einem Umfang mit sich, den Mitteleuropa noch nicht gekannt hatte. Es führte auch zum äußerst fruchtbaren Austausch und zur weiten Verbreitung von Ideen. Diese waren zweifelsohne sehr viel vielgestaltiger, als sie sich heute nachweisen lassen. Als Beispiel mag die Ausbreitung des Schreibens und Lesens dienen. Sie ist einerseits durch Ritzungen auf Tonscherben sowie durch Griffel und Rahmen von wachsbeschichteten Schreibtafeln zu belegen, die man immer wieder in keltischen Städten antrifft. Anderseits hat Caesar überliefert, dass diese Fähigkeit nicht nur für Händler von Vorteil war, sondern auch in Verwaltungsdingen und im privaten Bereich Anwendung fand. Zumindest in der Oberschicht dürfte der Schriftgebrauch relativ weit verbreitet gewesen sein und man weiß, dass sowohl das griechische als auch das lateinische Alphabet verwendet wurden.

Keltische Oppida waren aber nicht nur Zentren des Wirtschaftslebens. Zu unterschiedlichen Anlässen dienten sie auch als Versammlungsorte, etwa bei politischen Zusammenkünften, bei der Sammlung eines militärischen Aufgebots oder bei religiösen Festen. Mehrere ausgegrabene Beispiele von großen Versammlungsplätzen sind eng mit Heiligtümern und Tempeln verbunden. Das unterstreicht ihre Rolle als religiöse Zentren, die Menschen aber nicht nur anzogen, um an kultischen Zeremonien teilzunehmen, sondern auch um dort zu opfern und zu beten. Durch besondere Gunstbezeugungen der Gottheit wird so manches Heiligtum dabei auch sicherlich überregionale Bekanntheit und Bedeutung erlangt und weitere Menschen aus nah und fern in die Siedlung geführt haben. Die archäologischen Belege unterstreichen somit die schriftliche Überlieferung, die manches Oppidum als Hauptort eines größeren Gemeinwesens oder Stammes ausweist. *„Dabei handelt es sich nicht um einen schwachen Abklatsch römischer Städte, sondern um eigenständige Orte, die den Abschluss eines Urbanisierungsprozesses bilden, der in … der gesamten keltischen Welt mehrere Jahrhunderte andauerte"* (S. Fichtl).

Die Befestigungen

Die Überreste der ehemaligen Befestigungsanlagen sind beinahe die einzigen heute noch im Gelände sichtbaren Zeugnisse des spätkeltischen Oppidums auf dem Staffelberg. Bedingt durch die topografischen Gegebenheiten und späteren Umformungen der Landschaft sind ihre einzelnen Abschnitte recht unterschiedlich erhalten und für den Laien nicht immer deutlich zu erkennen. Selbst Fachleute hatten in den frühen Jahren der Forschung noch nicht alle Teile der ehemaligen Stadtmauer als solche erkannt. Schuld daran ist die natürliche Erosion ebenso wie das Ausrauben der steinernen Mauerfronten durch Bauern während des Mittelalters und später angelegte Steinbrüche 19. Aber auch die Landwirtschaft hat durch künstliche Ackerterrassen und Feldraine 8 ihren Anteil daran.

Die Mauer auf der Jurahochfläche

Am besten erhalten ist die Umwehrung in dem rund 280 m langen Abschnitt auf der Ostseite des Oppidums 11. Dafür gibt es im Wesentlichen zwei Gründe. Erstens grenzt sie die Siedlung dort gegen die gleich hohe Jurahochfläche ab, sodass die Mauer nicht in den Hang abstürzen konnte. Zweitens hatte sie nie eine Front aus Steinen besessen, weshalb sie auch für den Steinraub nicht interessant war. Der Erdwall ist zwar im Laufe der Zeit auseinandergeflossen, aber mit durchschnittlich noch 3 m erhaltener Höhe handelt es sich immer noch um ein beeindruckendes Bauwerk **(Abb. 27)**. Es braucht auch den Vergleich mit anderen Oppida wie etwa Manching oder Kelheim nicht zu scheuen. Die Befestigung geht im Norden aus der stark verflachten Umwehrung entlang des Plateaurandes hervor und gewinnt beim Erreichen der Hochfläche schnell an Höhe. Kerzengerade verläuft sie von dort aus nach Süden und biegt, erst kurz bevor der Rand des Plateaus erneut erreicht wird, nach Südwesten um. Auf einem etwa 80 m langen Stück begleitet der Wall dann die Abbruchkante in geringem Abstand und verliert allmählich wieder an Höhe. An seinem Ende befand sich das sogenannte Osttor 17, welches das Oppidum zur Hochfläche hin öffnete und dessen schmaler Zugangsweg durch den einbiegenden Mauerschenkel gedeckt worden war. Bei der heute

Abb. 27: Grabungsschnitt durch den Wall auf der Jurahochfläche.

Abb. 28: Grafische Rekonstruktion der Befestigung auf der Jurahochfläche.

hauptsächlich genutzten Durchfahrtsmöglichkeit, etwa 90 m vom Nordende des Walles entfernt, handelt es sich hingegen um einen neuzeitlichen Durchbruch, der in keltischer Zeit noch nicht existierte.

Durch Ausgrabungen sind wir über das ursprüngliche Aussehen der Mauer gut unterrichtet **(Abb. 28)**. Sie war auf eine etwa ein Meter hohe, natürliche Geländestufe gesetzt worden und zwar so, dass im Abstand von jeweils 2 m eine Reihe mächtiger, im Querschnitt quadratischer Eichenpfosten aufgestellt und die Zwischenräume mit dicken Bohlen aus dem glei-

Abb. 29: Der ausgenommene Grabenabschnitt vor dem Wall auf der Jurahochfläche.

chen Holz gefüllt wurden. Von innen war dann eine 12 m breite Erdrampe angeschüttet worden, in welcher man zugleich die Mauerfront durch horizontal eingelegte Balken verankert hatte. Im Osten lag ein flacher, parallel verlaufender Sohlgraben (12; **Abb. 29**) vor diesem Abschnitt der Stadtbefestigung. Sein nördlicher Teil ist heute durch den von Romansthal heraufführenden Weg stark vertieft, der südlich anschließende Teil hingegen nur noch als äußerst flache Senke erkennbar. Noch zu Beginn des 20. Jhs. war der Graben jedoch klar als durchgängige Struktur zu sehen, auch wenn er schon damals zunehmend mit Lesesteinen aus den angrenzenden Feldern zugeschüttet worden ist. Dabei scheint es so zu sein, dass er auch dort die Kante des Plateaus erreichte und man zum Tor nur über eine Brücke gelangen konnte. Durch die Ausgrabungen weiß man, dass er bei einer Tiefe von nur einem Meter eine Breite von 10 m hatte und in den anstehenden Kalkstein gegraben war. Allerdings ist dieser aufgrund einer geologischen Störzone dort so kleinteilig zerbrochen, dass er sich nicht für eine Trockenmauer eignet. Dadurch lässt sich allerdings die für diesen besonders gefährdeten Bereich merkwürdig anmutende, vollständig aus Holz bestehende Mauerfront erklären. Das ausgehobene Material verwendete man stattdessen zur Aufschüttung der Erdrampe.

Die Randmauer auf dem unteren Plateau

Nördlich und südlich des Mauerabschnitts, der die Jurahochfläche überquert, folgt die Stadtmauer der geologischen Schichtstufe zwischen Werkkalk und Braunem Jura 13. Sie wird daher auch als Randbefestigung bezeichnet, ist über weite Strecken in den Hang abgerutscht und daher merklich schlechter erhalten. Mit knapp 2,5 km Länge nimmt sie den weitaus größten Teil der Befestigung ein, die das untere Plateau ringförmig umgibt. Oberhalb des Wegs von Romansthal geht sie in einem Bogen nahtlos aus dem dort stetig flacher werdenden Wall der Ostseite hervor. Mit kürzeren Unterbrechungen, an denen die Mauer vollständig abgestürzt zu sein scheint, sind ihre Reste entlang der nördlichen und nordwestlichen Plateaukante sichtbar. Dort zeigt sie eine schwache Innenböschung und entlang des größten Teils auch einen deutlichen Fuß auf der Außenseite, da sie bis zu 25 m vom Steilabfall zurückversetzt ist. Dieser Wallabschnitt endet auf der geologischen Bruchlinie der Werkkalkplatte. Deutlich ausgeprägt stößt er an den von Westen heraufführenden Wegedamm und findet im unübersichtlichen, zum Gipfel ansteigenden Gelände keine Fortsetzung.

Stattdessen weitet sich etwa 40 m vor dem Wallende die außen liegende Geländestufe, fällt steil ab und wird nun von einem flachen Randwall eingerahmt. Beide Befestigungsteile stoßen aber nicht aneinander, sondern lassen eine Lücke. Dieser mutmaßliche Standort einer Toranlage wurde zuerst von B.-U. Abels erkannt und als „Pforte" bezeichnet (14; s. unten). Auf dem etwa 20 m tiefer liegenden Plateauteil führt der Randwall in einem Bogen weiter bis zu der markanten Einkerbung eines Hohlwegs. Dort knickt er scharf nach Osten um und bildet die etwa 15 m lange nördliche Wange des Westtores (15; s. unten). Von dort führt die Randbefestigung nun nur noch als künstlich versteilte Hangkante um den West- und Südteil des unteren Plateaus. Grund für die vergleichsweise schlechte Erhaltung ist in erster Linie die starke Überprägung durch Ackerterrassen 8. An mehreren Stellen kommen außerdem Störungen durch alte Steinbrüche hinzu. Etwa auf Höhe der südöstlichen Felsklippen des Gipfelplateaus wendet sich die Wehranlage nach Norden und erreicht wieder die geologische Bruchlinie, wo das Gelände zur Jurahochflä-

Abb. 30: Die künstliche Geländestufe mit deutlich erkennbaren Pfostengruben während der Ausgrabung an der Randbefestigung 1985.

che ansteigt. Durch zahlreiche Heckenraine, Ackerterrassen, Hangstufen und Böschungen ist das Areal dort recht unübersichtlich. Aufgrund eines zum Befahren ungeeigneten Pfades, der noch heute von den Quellen im Löwental heraufführt, wird aber dort ein weiteres Tor 16 angenommen. Danach begleiten die Wallreste den Steilabfall entlang der Geländekante nach Nordosten. Schließlich erreichen sie den abgeknickten Schenkel des Walles über die Hochfläche und schließen so den äußeren Befestigungsring. Genau an ihrem Treffpunkt befand sich das vierte und letzte, nach Osten gerichtete Tor des Oppidums (17; s. unten).

Ausgrabungen konnten an mehreren Stellen zeigen, dass die Mauer an der Hangkante die gleiche Grundstruktur besaß wie jene auf der Hochfläche. Die wesentlichen Elemente waren also die entlang der Front senkrecht aufgereihten Holzpfosten **(Abb. 30)**. Sie hatten einen Abstand von durchschnittlich 2 m zueinander und waren mit dem Beil zu einem quadratischen Querschnitt von 40 cm Breite zugerichtet worden. Ein entscheidender Unterschied bestand aber darin, dass die Zwischenräume zwischen den Pfosten mit einem Trockenmauerwerk aus Werkkalkbruchsteinen ausgefüllt waren. Diese waren lokal abgebaut worden, wobei ein Teil sogar gleich beim Ausheben der künstlichen Hangstufe angefallen sein dürfte. Da natürlich das Holz im Lauf der Zeit vollständig vergeht, findet der Archäologe bei der Ausgrabung lediglich die Reste der Mauerfront aus Stein. Aufgrund der charakteristi-

Abb. 31: Die steinerne Mauerschale mit deutlich zu erkennendem Pfostenschlitz während der Freilegung der Randbefestigung 1978.

schen Fehlstellen der Hölzer wird dieser Mauertyp als „Pfostenschlitzmauer" bezeichnet **(Abb. 31)**. Aber es gab noch weitere Unterschiede. So stand die Mauerfront nicht oben auf dem Rand der Hochfläche, sondern auf einer künstlichen Stufe, die man unterhalb in den Hang eingegraben hatte. Damit konnten gewissermaßen zwei Fliegen mit einer Klappe geschlagen werden, denn erstens musste bei gleicher Mauerhöhe und -breite für die hinten angeschüttete Rampe weit weniger Erdreich bewegt werden. Zweitens wirkten auf den unteren Teil der Mauer kaum Schubkräfte, da der natürliche Untergrund dahinter stabil war. Um den Erddruck auf die Mauer weiter zu minimieren, hat man außerdem zunächst Steinschutt hinter die Mauerschale geschüttet. Das unregelmäßige Material verkeilte sich untereinander, sodass die Kräfte aus dem Gewicht der darüber aufgeschütteten Erde nicht unmittelbar auf die Frontsteine wirkten. Stattdessen wurden sie aufgefächert und in unterschiedlichste Richtungen abgeleitet. Zusätzlich wurden zur Stabilisierung der Pfosten noch bis zu 7 m lange Holzbalken als Rückverankerung an ihnen befestigt. Die unterste Lage befand sich auf der ursprünglichen Geländeoberfläche über der künstlichen Stufe, oder – wenn diese zu hoch lag – in eigens dafür ausgehobenen, schmalen Gräbchen. Jüngste Ausgrabungen konnten für den Staffelberg erstmals zeigen, dass sich darüber im Abstand von

Abb. 32: Grafische Rekonstruktion der Randbefestigung als Pfostenschlitzmauer.

jeweils etwa einem halben Meter weitere Lagen von Rückankern befunden haben **(Abb. 32)**. Außerdem waren die Pfosten auch in Längsrichtung der Mauer durch Balken miteinander verbunden. Dadurch wurde eine 5 m hohe „Fachwerkfassade" geschaffen, wie sie zuvor nur westlich des Rheins und in der Schweiz nachzuweisen war.

Die Randmauer auf dem Gipfelplateau

Die Befestigung auf dem schon lange zuvor besiedelten Gipfelplateau hat eine andere Geschichte als die untere Stadtmauer, die das gesamte Oppidum umgab. Die Mauer der Spätlatènezeit (4) ruht hier auf den Resten älterer Befestigungswerke und wurde während des 4. und 5. Jhs. n. Chr. selbst mit der Umwehrung einer germanischen Burg überbaut. Die Bauweise ist jedoch mit derjenigen der unteren Randmauer weitestgehend identisch **(Abb. 33)**. So entsprechen sich die Dimensionen der Holzpfosten, das Steinmaterial der Mauerfronten und selbst der Umstand, dass die Front auf eine künstliche Stufe vor der Geländeoberkante gesetzt wurde. Freilich war diese dort nicht mehr natürlich, sondern wurde durch die älteren Mauerreste geformt. Betrachtet man den vergleichsweise geringen Umfang ihres Einsturzmaterials, so scheint sie aber nicht die Höhe der Mauer des unteren Plateaus erreicht zu haben. Da sie allerdings später über-

Abb. 33: Die freigelegte Pfostenschlitzmauer auf dem Gipfelplateau.

Abb. 34: Am originalen Standort rekonstruierte Pfostenschlitzmauer auf dem Gipfelplateau.

baut worden ist, haben sich keine weiteren Details der Holzkonstruktion erhalten, sodass diese nicht verglichen werden kann (Abb. 34).

Zwar ist die spätkeltische Mauer erst durch zwei Grabungsschnitte nachgewiesen worden, die zudem beide auf der Nordostseite lagen, aber es besteht kein Grund anzunehmen, dass sie nicht das gesamte Gipfelplateau umzogen hätten. Ausgespart dürfte lediglich der nach Nordwesten weisende Teil mit seinen markanten Felsklippen 2 geblieben sein.

Sicher ist auch, dass zur Zeit des Oppidums auf der etwa 5 m tiefer liegenden Nordost-Terrasse 5 keine intakte Wehranlage bestand. Gleichwohl muss der Weg über diese herauf geführt und ungefähr an der gleichen Stelle wie heute das Gipfelplateau erreicht haben. Der exakte Standort eines Tores lässt sich aber nicht mehr ermitteln, da der gesamte Bereich durch die Klausen-Bauten in Mitleidenschaft gezogen ist.

Gewaltige Mengen an Baumaterial

Überschlägt man die notwendigen Baustoffe, so kommen eindrucksvolle Mengen zusammen. Allein für die Randbefestigung benötigte man rund 1400 Eichenstämme von 7 m Länge und 40 x 40 cm im Querschnitt, um sie als Pfosten einzugraben. Hinzu kam das Sechsfache an bis zu 7 m langen Ankerbalken sowie etwa 17 000 laufende Meter Eichenholz, mit denen die senkrechten Pfosten in Längsrichtung untereinander verbunden wurden. Am Westtor konnte die Traubeneiche als Bauholz bestimmt werden. Zwar hatte der Baumbestand in der Umgebung des Staffelberges nach dem Ende der frühkeltischen Besiedlung Zeit gehabt, sich wieder zu erholen. Jedoch gab es schon zuvor keinen undurchdringlichen Urwald mehr und wie die Zahlen zeigen, wurden zum Bau des Oppidums ganze Wälder benötigt. Der Bedarf für den Hausbau und die Energiegewinnung ist dabei aber noch gar nicht berücksichtigt. Schon allein daher muss man sich den Staffelberg in dieser Zeit weitestgehend baumfrei vorstellen und Verteidigungsgründe kamen natürlich hinzu. Stattdessen gab es in den ungenutzten Flächen eine heckenartige Busch- und Strauchvegetation, wie gefundene Pflanzenreste zeigen. Auf den geeigneten Flächen in der Nähe befanden sich Äcker und Weiden, sodass der Wald schon relativ weit zurückgedrängt war. Erst in etwas weiterer Entfernung dürfte er auch dichter geworden sein, wenn dort nicht die nächste Siedlung folgte.

Für die Steinfassade der Mauer mussten zwischen 4000 und 5000 m^3 Kalkstein gebrochen und verbaut, außerdem eine Rampe aus etwa 52 000 m^3 Erde und Steinen aufgeschüttet werden. Nimmt man für die Befestigung des Gipfelplateaus eine ähnliche Bauweise an, so kamen weitere 300 Pfosten hinzu. Und selbst bei einer geringeren Mauerhöhe von 3 m, wie sie der Ausgräber annimmt, wären etwa das Dreifache an Rückankern und rund 1800 laufende Meter für die Versteifung der Front benötigt worden. Dementsprechend brauchte man weitere 720 m³ Mauersteine und 5400 m³ Erde für die Rampe. Die Dimensionen werden nicht nur dadurch noch beeindruckender, dass dabei die zahllosen Bohlen der Brustwehr und an den Toren ebenso wenig berücksichtigt sind wie das Holz am östlichen Wall, sondern insbesondere dadurch, dass das gesamte Bauholz mit Beilen kantig zugerichtet worden ist!

Die Tore

Das Westtor

Eine natürliche Einkerbung in den Rand der Werkkalkstufe war zum Westtor (15) ausgebaut worden. Die Stelle bot leichten Zugang zu den höher gelegenen Bereichen des Berges und war deshalb auch schon früher genutzt worden. Durch die Ausrichtung zum Hauptverkehrsweg im Westen und die weite Sichtbarkeit dürfte es sicherlich so etwas wie das Haupttor der Siedlung gewesen sein.

Durch das Einziehen der beiden Stadtmauerenden entstand eine Gasse, an deren Abschluss innen ein massiver Torbau platziert wurde. Sich nähernde Feinde konnten so von verschiedenen Richtungen „in die Zange genommen" werden. Daher leitet sich auch die Bezeichnung „Zangentor" ab. Die Torgasse besaß eine Länge von rund 15 m und verengte sich von etwa 12 m auf 7 m am Torgebäude. Diese Trichterform war durch die natürlichen Gegebenheiten bedingt und bot den Vorteil, dass sich in größerer Zahl angreifende Feinde zunehmend gegenseitig behinderten **(Abb. 35)**. Wie die Randbefestigung waren auch die Mauern der Torgasse in Pfostenschlitz-Technik errichtet worden. Aufgrund der bis zu 1,2 m hoch erhaltenen Mauersegmente **(Abb. 36)**, die noch von über 2 m Wallschüttung überragt wurden, konnte bei der Ausgrabung nachgewiesen werden, dass die senkrechten Holzpfosten jeweils durch mehrere Lagen von Querbalken und Rückankern stabilisiert worden sind. Interessant ist auch, dass die nördliche Torgassenmauer nur eine Bauphase aufwies, während die südliche einmal ausgebessert worden ist. Sie lag nämlich stets im Schatten und war auch stärkerem Erddruck und Hangwasser ausgesetzt.

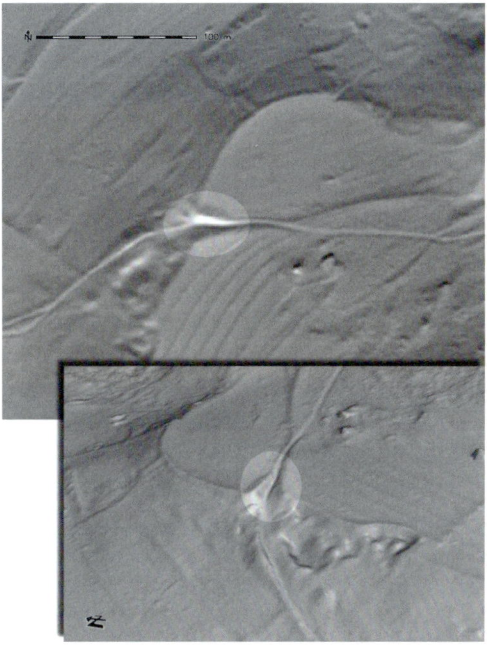

Abb. 35: 3D-Geländemodell des Westtores in Aufsicht (oben) und Ansicht von Westen.

Abb. 36: Gut erhaltenes Segment der Pfostenschlitzmauer am Westtor mit deutlicher „Knickstelle", die durch einen Querbalken verursacht wurde.

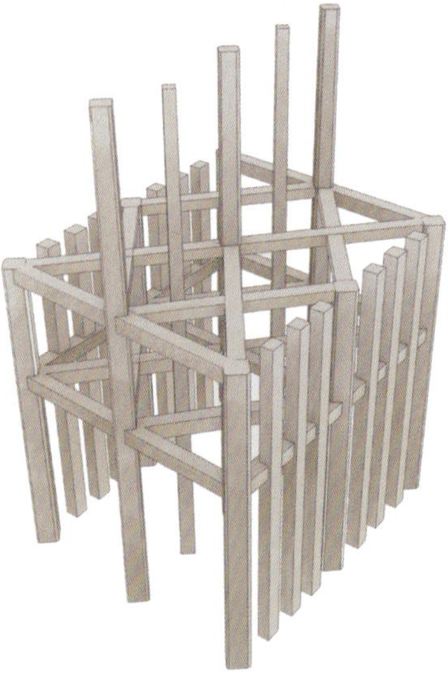

Abb. 37: Schema der statisch überaus belastbaren Balkenkonstruktion des Torgebäudes.

Das 9,2 m lange Torgebäude hatte eine 7,1 m breite, zweigeteilte Durchfahrt. Seine Bauweise steht ohne jegliche Parallele da und ist von einem Baumeister konstruiert worden, der seiner Zeit weit voraus gewesen sein muss **(Abb. 37)**. Da es in leichter Hanglage positioniert war, hatte man zunächst eine entsprechend große Baugrube geschaffen und den Grund geebnet. Danach wurden drei Längsachsen mittels kleiner Pfosten, die man später wieder entfernte, ausgesteckt. Entlang dieser Achsen wurden dann jeweils drei 50 bis 60 cm dicke Pfosten in mächtigen Gruben aufgerichtet, und zwar mit ihren zugebeilten Flächen nicht parallel zu den Achsen, sondern um 45° gedreht. Geht man davon aus, dass die Balkenverstrebungen diesem Winkel folgten, so entstanden auf Höhe der Fahrbahnüberdeckung zahlreiche Kräftedreiecke. Gemäß der traditionellen Zimmermannsweisheit „Viereck vergeht – Dreieck besteht" verliehen sie der Konstruktion zusätzlich zu ihrer enormen Massivität besondere Stabilität – eine Bauweise, die nicht nur in der Vorgeschichte ohne Vergleiche ist. Danach wurde in den Lücken der Mittelachse jeweils ein weiterer gedrehter Pfosten aufgerichtet, während man sie in den Seitenwänden durch jeweils drei eng stehende und wieder parallel zu den Achsen ausgerichtete Pfosten füllte. Im Abstand von 50 cm waren in diese Zwischenräume eingezapfte Querbalken eingelassen, sodass ein sehr massives gitterartiges Fachwerk entstand, das mit regelmäßigen Quadern und Platten aus Riffkalk und -dolomit ausgefacht war **(Abb. 38)**. Es unterschied sich deutlich vom unregelmäßigeren Bruchsteinmauerwerk, das in der Torgasse und der Randbefestigung folgte. Wie die Pfosten der Torgasse war auch der Torbau durch mehrere Lagen bis zu 7 m langer Ankerbalken in der Wallschüttung gesichert **(Abb. 39)**.

Abb. 38: Grafische Rekonstruktion der Fachwerkwand in der Tordurchfahrt.

Da das Bauwerk durch ein Schadfeuer zerstört worden war, hat sich entlang der Wände Brandschutt erhalten, der u. a. Reste von Konstruktionshölzern und zahlreichen Nägeln beinhaltete. Sie können als Teile der nach innen gestürzten Torflügel interpretiert werden und lassen auf eine Höhe von 5 m bis zum ersten Stockwerk schließen **(Abb. 40)**.

Es ist nicht verwunderlich, dass ein solches Bauwerk, dem nicht nur beim Schutz der Siedlung, sondern auch bei der Repräsentation ihrer Macht eine maßgebliche Rolle zukam, besonders „kultisch aufgeladen" war. Wie bei mittelalterlichen Burgkapellen, die oft über dem Tor lagen, dürfte man sich so übernatürlichen Beistand erhofft haben. Bereits zu Baubeginn hatte man ein Waffenopfer dargebracht: eine Lanzenspitze wurde horizontal und genau von West nach Ost ausgerich-

Abb. 39: Zwei der Gräbchen für die unterste Lage von Rückankerbalken am Westtor. Die nächsthöhere Lage ist durch die Steinreihe in der Profilwand dahinter markiert.

Abb. 40: Grafische Rekonstruktion des Westtores.

tet auf der alten Oberfläche unter der Wallschüttung abgelegt **(Abb. 41)**. Noch bedeutsamer sind zwei – später wieder geleerte – Gräber, die auf einer Achse am südlichen bzw. nördlichen Rand der Torgasse unter der Fahrbahn lagen **(Abb. 42)**. Sie müssen bereits im „Bauplan" des Tores vorgesehen gewesen sein, denn sowohl die Pfostengruben als auch die Fundamentgräben der Pfostenschlitzmauer nahmen auf sie Rücksicht. Ihre kultische Bedeutung wird dadurch unterstrichen, dass die Bestattungen beim Auflassen der Siedlung wieder entnommen wurden. In einer der Grabgruben fanden sich aber noch zwei Nägel – wohl vom Sarg – und eine kleine Fibel, die einem Kind gehört haben dürfte. Am auffälligsten tritt der kultische Aspekt jedoch durch über 70 Bruchstücke von menschlichen Schädeln hervor, die bis zu 30 Individuen gehört haben könnten **(Abb. 43)**. Sie fanden sich sowohl in der Torgasse als auch im Torgebäude, und zwar jeweils in unmittelbarer Nähe der Pfostenschlitze. Demnach ist davon auszugehen, dass die Schädel dort befestigt gewesen sein müssen. Da sich aber keine Nägel von entsprechender Größe gefunden haben, waren die Schädel wahrscheinlich in geschnitzte Nischen eingelassen. Zwar

Abb. 41: Bauopfer: eiserne Lanzenspitze vom Westtor.

Abb. 42: Nach Aufgabe des Tores wieder geleertes Kindergrab in der Torgasse. Die Steine dienten zum Verkeilen eines Holzsarges.

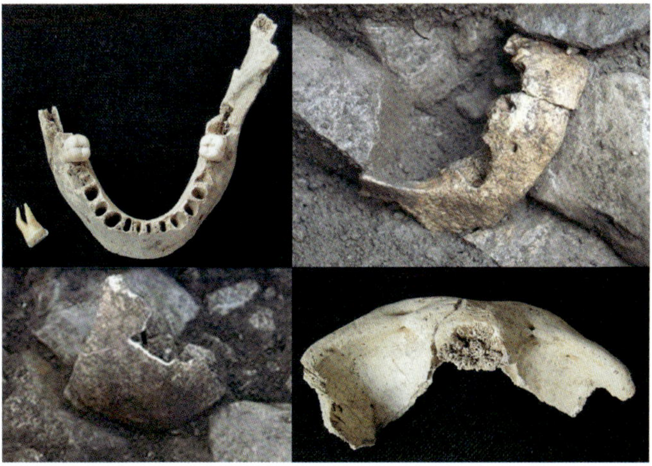

Abb. 43: Bruchstücke von menschlichen Schädeln aus dem Bereich des Westtores.

kennt man auch von anderen keltischen Toranlagen menschliche Schädel, in so hoher Zahl aber bislang nur aus sakralen Zusammenhängen. Bemerkenswerterweise hingen im Torgebäude auch mindestens zwei Schwertgarnituren aus dem 3. Jh. v. Chr. an der Wand. Diese „Antiquitäten" hat man sicher nicht mehr benutzt, sondern wie andernorts in Heiligtümern zur Schau gestellt.

Die Ausgrabung des Westtors lieferte darüber hinaus zahlreiche Details zu den Abläufen und dem Alltag auf der keltischen

Exkurs: Keltischer Schädelkult

Die Kelten waren nicht das einzige Volk der Antike, von dem überliefert ist, dass sie getöteten Feinden die Köpfe abschnitten und sie als Trophäen nahmen. So wird beispielsweise auch von Germanen und Skythen berichtet, dass sie Becher aus den Schädeln ihrer Feinde herstellten. Zahllose Abbildungen von menschlichen Köpfen und etliche Funde von realen Schädeln in außergewöhnlichen Befundzusammenhängen lassen bei den Kelten aber auf einen regelrechten Schädelkult schließen. Der griechische Schriftsteller Diodorus Siculus, ein Zeitgenosse Caesars, berichtet: „*Den gefallenen Gegnern schlagen sie die Köpfe ab und hängen sie um den Hals ihrer Pferde. ... Die Köpfe ihrer vornehmsten Gegner konservieren sie, verwahren sie sorgfältig in einer Truhe und zeigen sie ihren Gastfreunden. Dabei machen sie viel Aufhebens davon, dass für diesen Kopf einem Vorfahren, dem Vater oder auch ihnen selbst ein Vermögen geboten worden sei, sie es aber nicht angenommen hätten. Manche sollen damit geprahlt haben, sie hätten sich den Kopf nicht einmal in Gold aufwiegen lassen.*" Einige Jahrzehnte später ergänzt der griechische Geschichtsschreiber Strabon: „*Beim Verlassen des Schlachtfeldes hängen sie die Köpfe der Gegner um den Hals ihrer Pferde und nehmen sie mit, um sie an die Tore der Tempel zu nageln. Poseidonios [ein Universalgelehrter und weiterer Zeitgenosse Caesars; Anm. d. Verf.] sagt, er habe es vielerorts selbst gesehen, zuerst befremdlich gefunden, aber danach infolge der Gewöhnung ruhigen Sinnes ertragen.*"

Baustelle. So ist klar abzulesen, dass das Torgebäude vor der Randbefestigung errichtet worden ist. Am augenfälligsten sichtbar wird dieses Nacheinander durch zwei lineare Aufschlichtungen aus sehr großen, unförmigen Dolomitblöcken, die man jeweils an der Grenze zur künftigen Torgasse errichtet hatte. Sie hatten die Aufgabe, die Mauerhinterschüttung des Torhauses vor dem Abrutschen zu schützen, da in der Torgasse offensichtlich noch keine Mauer existierte. Dieser Bereich war aber während der Bauarbeiten stark festgetrampelt worden, sodass sich seine glatte Oberfläche deutlich von der raueren, weniger begangenen hinter dem Torhaus unterschied.

Diese Berichte bestätigen, dass der uns heute so überaus fremd und barbarisch anmutende Brauch selbst noch in der keltischen Spätzeit geübt wurde, als das Oppidum auf dem Staffelberg bestand. Der archäologische Befund bestätigt die Beschreibungen. Immer wieder lassen sich menschliche Schädel in gemauerten oder aus dem Stein gemeißelten Nischen nachweisen oder auch solche, durch die ein großer Nagel zur Befestigung an Holz getrieben worden ist. Manchmal ist nur mehr das Loch im Schädel vorhanden, manchmal wurden die Schädel aus unbekannten Gründen auch rituell vergraben.

Was uns aber weder die antiken Berichte noch die archäologischen Funde verraten, sind die Gründe für das Nehmen der Trophäen und ihrer Zurschaustellung. Spätestens beim Befestigen an öffentlichen Gebäuden wie den Toren von Städten und Tempeln dürfte der an der Zahl getöteter Feinde gemessene individuelle Kriegerstolz keine entscheidende Rolle mehr gespielt haben. Hier kann eine abschreckende Wirkung beabsichtigt gewesen sein. Von weitaus größerer Bedeutung war aber wohl die geistig-religiöse Komponente, in der der Kopf als Sitz der „Kraft“ angesehen wurde. Sich diesen zu nehmen, bedeutete sich die „Kraft“ des Gegners zu nehmen und vermutlich auf sich selbst und als „Schutzkraft“ auch auf die Dinge zu übertragen, an denen die Trophäe befestigt war. Es ist auch nicht unwahrscheinlich, dass die öffentliche Zurschaustellung im Sinne einer Weihung an eine Gottheit gedacht war, um deren Schutz zu erbitten. Aus ganz ähnlichen Gründen gelobten die Kelten den Göttern auch die Waffen der besiegten Gegner und stellten sie zum Dank in ihren Heiligtümern aus.

Auch hatte man dort eine kleine Feuerstelle zum Kochen angelegt, die durch das spätere Überschütten mit Erdreich so gut erhalten geblieben ist, dass sich sogar die Lage der letzten verbrannten Äste erkennen ließ. Die Reste der zubereiteten Mahlzeiten – zahlreiche stark fragmentierte Tierknochen, zerbrochenes Kochgeschirr, ein beschädigtes Eisenmesser samt Wetzstein und verkohlte Überbleibsel von vegetarischen Speisen – hat man gleich zur Auffüllung hinter dem Torgebäude mitbenutzt. Dabei weisen Funde von Schlehensamen auf den Spätherbst als Bauzeitraum hin. Sind schon diese „Baustellendetails“ ungewöhnlich, so lassen sie sich um zahlrei-

Abb. 44: Abdruck des Schuhs eines keltischen Bauarbeiters.

che Spaten- und Hackenspuren ergänzen, die mitunter die Vorgehensweise beim Erdabtrag zu erkennen geben. Größte Bedeutung gebührt allerdings zwei zusammengehörigen Schuhabdrücken in Schrittstellung **(Abb. 44)**. Diese einzigartigen unmittelbaren „Zeugnisse" eines keltischen Bauarbeiters künden nebenbei von Schlechtwetter auf der Baustelle, denn der eine der beiden lässt neben der Fußkontur sogar den Matsch erkennen, der unter den Zehen hervorgequollen ist.

Das Osttor

Die zweite große Toranlage des Staffelberg-Oppidums lag auf der Ostseite der Siedlung (17) und war gegen die Jurahochfläche gerichtet **(Abb. 45)**. Auch bei seiner Konstruktion hat man die natürlichen Gegebenheiten genutzt, indem man die geradlinig verlaufende Mauer (11) etwa 20 m vor Erreichen des Steilabfalls zum Löwental in südwestlicher Richtung umknicken ließ. Danach begleitete sie auf über 80 m Länge in immer schmäler werdendem Abstand den Rand der Jurahöhe. Nach einer schmalen Unterbrechung wechselte sie abermals die Richtung und verlief auf der natürlichen Geländekante weiter nach Süden (13). Der vor der Mauer auf der Ostseite liegende Graben (12) knickte indes nicht ab und zog geradlinig weiter, bis er die Hangkante erreichte.

Eine geophysikalische Prospektion konnte das zugehörige Torgebäude erschließen. Da es wie das Westtor durch ein

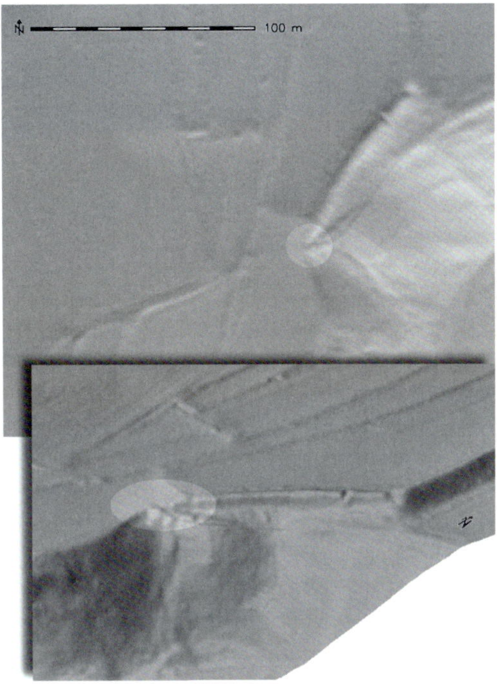

Abb. 45: 3D-Geländemodell des Osttores in Aufsicht (oben) und Ansicht von Südosten.

Schadfeuer zugrunde gegangen ist, „überstrahlen" die Spuren der Hitzeeinwirkung die Baustrukturen teilweise, sodass sie nicht alle eindeutig zu umreißen sind (Abb. 46). Dennoch kann man ein langgestrecktes Bauwerk von rund 10 x 7 m erkennen, das annähernd rechtwinklig zum einknickenden Mauerschenkel angeordnet war und auch eine zweigeteilte Durchfahrt besessen zu haben scheint. Es hat damit nicht nur ähnliche Dimensionen wie das Westtor 15, sondern war offenbar in

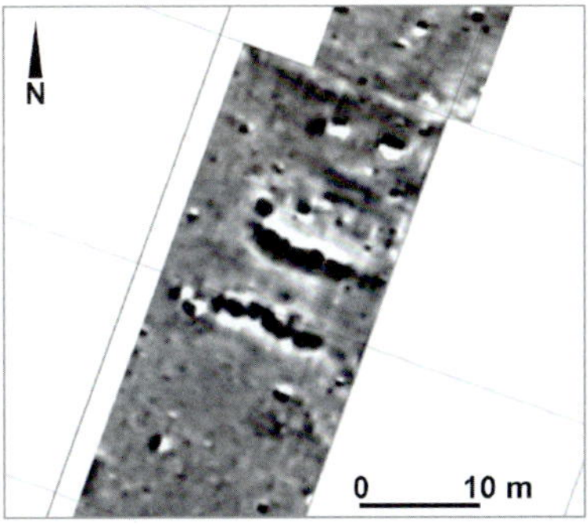

Abb. 46: Magnetogramm des Osttors.

Exkurs: Geophysikalische Prospektion

Unter einer Prospektion wird in der Archäologie die zerstörungsfreie Erfassung oder Erkundung von Fundstätten verstanden. Neben der Luftbilderkundung und der Feldbegehung werden heute am häufigsten verschiedene geophysikalische Methoden genutzt. Auf dem Staffelberg kam vor allem die sogenannte **Magnetometerprospektion** zur Anwendung **(Abb. 47)**. Sie basiert auf der ungleichen Verteilung von Eisenatomen, die in der Erdkruste generell sehr zahlreich vorhanden sind. Die Spanne reicht von nahezu eisenfreien Materialien wie Kalkstein und Quarzit bis hin zu Eisenerzen. Eine sehr wichtige Rolle spielt auch der chemische Bindungszustand der Eisenatome in den Materialien. So nimmt die Magnetisierbarkeit in der Regel durch mineralogische Umwandlungen während der Bodenbildung zu. Deshalb sind langsam mit Bodenmaterial verfüllte Gruben und Gräben meist gut nachzuweisen. Dabei spielen auch Bakterien eine Rolle, die Magnetit einlagern und sich in humosen Bodenbereichen ansammeln. Auch beim Erhitzen tritt eine starke Erhöhung der Magnetisierung auf, weshalb sich die Methode ideal zum Nachweis von Öfen etc. eignet. Im Gegensatz zu nicht magnetischen Metallen lassen sich auch Eisenteile, Schlacken und bis zu einem gewissen Grad auch Tonscherben auf diese Weise nachweisen.

vergleichbar massiver Holzbauweise errichtet worden. Ob es wie dieses beiderseits vom Erdwall der Mauern eingefasst war, lässt sich nicht entscheiden; sichere Spuren davon fehlen heute im Gelände.

Wer sich diesem Tor in feindlicher Absicht nähern wollte, musste zunächst den zugegebenermaßen nicht sehr tiefen Graben überwinden (in Friedenszeiten dürfte dieser vermutlich über eine Holzbrücke leicht zu queren gewesen sein) und konnte bereits dabei von der Mauer herab bekämpft werden. Danach befand man sich auf einem relativ langen Weg, auf dessen einer Seite der Absturz und auf der anderen die

Abb. 47: Geophysikalische Prospektion mit einem Gradiometer.

Bei der Prospektion wird diese relative Änderung des Erdmagnetfeldes, bezogen auf einen Basispunkt, mit speziellen Sonden in bestimmter Anordnung gemessen. Die so gewonnenen Daten werden in einem Messbild, dem sogenannten Magnetogramm, grafisch dargestellt. Die sich darin abbildenden Abweichungen vom „Normalzustand" des Magnetfeldes werden als Anomalien bezeichnet und können interpretiert werden.

bewaffneten Verteidiger drohten. Außerdem ließ er durch sein stetes Schmälerwerden auch nur eine immer kleiner werdende Zahl von Angreifern zu. Hatte man dies alles überwunden, befand man sich schließlich vor dem vermutlich turmartigen Torbau, von dem aus man zusätzlich unter Beschuss genommen wurde. Es konnte nur durch Feuer zerstört werden, wobei aber Brandpfeile und selbst Fackeln alleine nicht ausreichten. Das Bauwerk aus massiver Eiche fing nur Feuer, wenn es gelang, Brandbeschleuniger wie größere Mengen Pech oder leicht brennbaren Holzes richtig zu positionieren und in Brand zusetzen.

Abb. 48: 3D-Geländemodell des Südtores in Aufsicht (oben) und Ansicht von Südosten.

Das Tor zum Löwental und die „Pforte“

Neben den beiden „großen“ Toren im Westen und Osten gab es zwei weitere Zugänge zur Stadt.

Einer davon lag auf der Südostseite des Plateaus über dem Löwental (16; s. oben). K. Schwarz hat ihn 1955 so beschrieben: „*Dort, wo die Werkkalkplatte nach N(orden) zurückbiegt, verläßt ein Fußpfad ihren oberen Rand. Er führt bei mäßiger Neigung bis an den Fuß der Steilstufe und ist aus dem kräftig geböschten Hang unter Anschüttung der talwärtigen Seite herausgearbeitet. Seine geringe Breite und der zum Befahren ungeeignete letzte Anstieg auf die Werkkalkplatte lassen in ihm einen alten, zu den nahe nordwestlich gelegenen Quellen … führenden Pfad vermuten. – Der heutige Durchstich im Abschnittswall ist rezent.*“ Wie weiter oben beschrieben, ist die Geländesituation in diesem Bereich heute nicht mehr

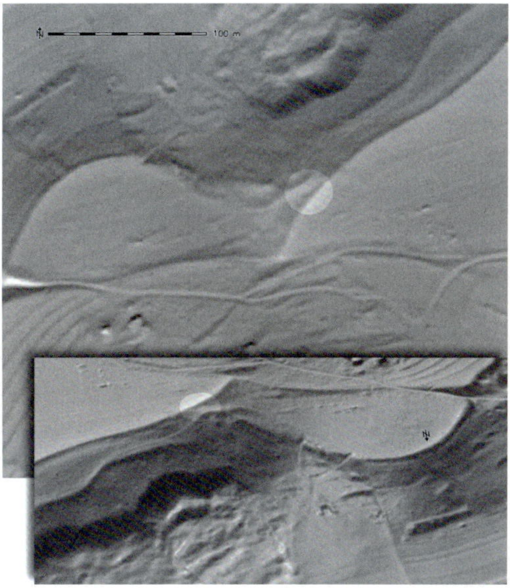

Abb. 49: 3D-Geländemodell der „Pforte" in Aufsicht (oben) und Ansicht von Norden.

eindeutig zu beurteilen **(Abb. 48)**. Ohne zusätzliche Untersuchungen kann daher weder etwas zur genauen Lage noch zur Größe oder zum Aussehen des Tores gesagt werden. Plausibel bleibt hingegen die Annahme von Schwarz, dass diese Öffnung in der Stadtmauer in erster Linie der Wasserversorgung gedient haben dürfte.

Der andere Zugang lag ihm gegenüber am Nordwesthang, dort wo die Randbefestigung vom tiefer liegenden Teil des unteren Plateaus auf diejenige des oberen Teils trifft (**14**; **Abb. 49**). Diese Torsituation wurde erstmals von B.-U. Abels bemerkt und als „Pforte" bezeichnet, allerdings nicht beschrieben. Man könnte sie auch als Nordtor bezeichnen, denn obwohl er sehr nahe am Westtor liegt, war dieser Zugang ausschließlich über einen von Norden heranführenden Pfad zu erreichen. Er verlief auf der schmalen, flach geneigten Geländestufe zwischen Steilhang und Oppidumsmauer **13** und zeichnet sich auch heute noch im Gelände ab. Der steil von Westen heraufziehende Wall endet, bevor er die höher gelegene und quer dazu verlaufende Randbefestigung erreicht. Er lässt eine mehrere Meter breite Lücke als Zugang. Da sich eine spätere Störung im Gelände nicht abzeichnet, kann tatsächlich von einem Tor ausgegangen werden. Über seine Gestalt sind wir aber einmal mehr nicht informiert, denn wegen dichter Bewaldung gelang es nicht, den Torbau im Rahmen einer geomagnetischen Prospektion genau zu lokalisieren.

Krieger

Ausgeprägte Verteidigungsanlagen wie auf dem Staffelberg sollten weithin sichtbar Macht demonstrieren: die Macht der Siedlergemeinschaft, die Macht ihrer Anführer und vermutlich auch die Macht der Götter, die diesen Bauten ihren Schutz gewährten. In erster Linie hatten die Mauern und Tore jedoch einen militärischen Zweck zu erfüllen, nämlich den Schutz der Siedlung und ihrer Bewohner. Angefangen vom Wachsoldaten, über den Freien, der Gefolgschaftsdienst leisten musste, bis hin zum Adligen waren bewaffnete Krieger im Oppidum daher allgegenwärtig. Eine vollständige Kriegerausrüstung setzte sich aus einer Lanze, dem Schwert mit Schwertgurt und dem Schild zusammen. Helm und Kettenhemd – eine keltische Erfindung – konnten sich nur die Reichen leisten. Das Tragen von Waffen war mit Besitzerstolz verbunden, konnte man doch so seinen Stand und Wohlstand zur Schau stellen **(Abb. 50)**. Vollständige Waffenausstattungen findet man aber in aller Regel nur in Gräbern. Aus Siedlungen kennt man hingegen meist beschädigte oder zerbrochene Waffen und verlorene Zubehörteile. So verhält es sich auch auf dem Staffelberg. Interessant ist dabei aber, dass die meisten Stücke aus der Gründungs- und Frühphase der Siedlung stammen oder sogar noch älter sind. Dies gilt beispielsweise für ein zerbrochenes Schwert, von dem ein größeres Klingenbruchstück im Depot eines Schmiedes **(Abb. 51)** gefunden wurde. Deutlich sind die angeschweißten Schneiden und der wellenförmige Damast dazwischen zu erkennen, die für die hohe Qualität der Waffe sprechen. Die Bruchstücke von mehreren Schwertscheiden aus Eisen, die im Westtor gefunden wurden, sind ebenfalls deutlich älter als das Oppidum und gehörten zu Waffen, die im Torhaus als Trophäen ausgestellt waren. Nur ein weiteres Bruchstück kann in die Blütezeit der Siedlung während des 1. Jhs. v. Chr. datiert werden.

Abb. 50: Krieger waren im Oppidum allgegenwärtig.

Abb. 51: Bruchstück einer sehr qualitätvollen Schwertklinge mit damasziertem Mittelstück. Das Stück zeigt selbst nach über 2000-jähriger Bodenlagerung nur geringe Roststellen.

Abb. 52: Eiserne Lanzenspitze aus einem Depotfund. Der Blattausschnitt ist keine Fehlstelle, sondern beabsichtigt, um größere Wunden zu reißen.

Abb. 53: Zusammenstellung verschiedener eiserner Lanzenschuhe.

Von den Lanzenspitzen gehören die beiden am besten erhaltenen Exemplare ebenfalls in die Frühphase der Stadt (**Abb. 52**). Die übrigen sind zeitlich nicht näher einzuordnen und könnten teilweise vielleicht sogar zur frühkeltischen Burganlage gehört haben. Am unteren Ende des Lanzenschaftes waren häufig sogenannte Lanzenschuhe angebracht, die ein Splittern des Holzes verhindern sollten und zur Not auch im Kampf eingesetzt werden konnten. Oft waren sie ohne Sicherung einfach nur aufgeschoben und gingen daher häufig verloren. Mit knapp einem Dutzend sind sie wie an anderen Orten relativ häufig. Aufgrund ihrer wenig spezifischen Form bereiten sie jedoch Probleme bei der chronologischen Einordnung. Von mehreren Exemplaren am Westtor ist aber klar, dass sie während der späten Latènezeit benutzt wurden. Demgegenüber stammt nur ein Lanzenschuh mit Mitteldorn sicher aus der Zeit vor der Errichtung der Befestigungsanlage (**Abb. 53**).

Als weitere Waffenfunde können nur ein paar eiserne Pfeilspitzen vom Gipfelplateau angeführt werden, jedoch sind diese ebenso wenig signifikant wie die Lanzenschuhe, sodass auch sie aus anderen Besiedlungsphasen stammen können.

Nicht unerwähnt bleiben soll eine etwa 1 m lange und 0,5 m breite, ovale Spur aus verkohltem organischem Material, die im Westtor freigelegt werden konnte. In der Mitte wies sie eine etwa handgroße, ebenfalls ovale Aussparung auf, was gut zu einem keltischen Schildblatt passen würde. Vorstellbar ist, dass auch so eine Schutzwaffe als Trophäe im Torhaus an der Wand hing und bei dessen Brand in Kohle umgewandelt worden ist.

Exkurs: Kleidung und Tracht der späten Kelten

Von der Kleidung der Kelten haben sich nur wenige Stofffetzen in Gräbern oder den Salzbergwerken von Hallstatt und Hallein erhalten. Sie reichen nicht aus, den Schnitt der Kleider zu rekonstruieren, aber mit ihrer Farbenpracht und Musterung bestätigen sie die Beschreibung des Griechen Poseidonios: *„Gekleidet sind sie … in bunt gefärbte und bestickte Hemden. Dazu tragen sie Hosen, die sie ‚braccae' nennen, und Mäntel, welche auf der Schulter von einer Spange festgehalten werden, schwere im Winter, leichte im Sommer. Diese Umhänge sind gestreift oder kariert, wobei die einzelnen Felder dicht beieinander stehen und verschiedene Farben aufweisen."* Sein Landsmann Strabon ergänzt: *„Sie tragen kurze Mäntel, lassen das Haar lang wachsen und haben eng anliegende Beinkleider. Statt der Leibröcke aber tragen sie bis zu den Lenden herabreichende Ärmeljacken. Ihre Wolle ist zwar grob, aber langhaarig, und aus dieser weben sie ihre Flausmäntel … Selbst in den nördlichsten Gegenden halten sie Schafherden mit ziemlich schöner Wolle."*

Das meiste, was die keltische Tracht also ausmachte, ist unwiederbringlich verloren. Doch aus Grabfunden ist das überliefert, was sich davon erhalten konnte, nämlich das Kleidungszubehör aus Metall – Gürtelteile, Fibeln etc. Durch die Lage im Grab, ihre Anzahl und Größe können auch Aussagen zur Art der Kleidung, Anzahl der Kleidungsstücke und deren Verschluss abgeleitet werden. Häufig wiederkehrende Regelhaftigkeiten in der Zusammensetzung des Schmucks, insbesondere der Ringe, deuten ferner darauf hin, dass auch sie Bestandteil der Tracht und entsprechenden Regeln unterworfen waren, was ihre Anzahl, Kombination und die Körperstellen, an denen sie getragen wurden, anbelangt. Die Möglichkeiten waren hier vielfältig, heute hat sich davon nur das Tragen von Ehe- und Verlobungsringen am Finger gehalten.

Aufgrund des Mangels an Grabfunden ist die Tracht der Spätlatènezeit besonders schwierig zu beurteilen. Aus den Siedlungen kennt man nur Einzelstücke, deren Trageweise und Verwendungszweck aus älteren Grabbefunden erschlossen werden muss. So viel lässt sich sagen **(Abb. 54)**: Lediglich Frauen trugen Ringschmuck und zwar nur (noch) an den Armen und in Formen, die sich nur geringfügig weiterentwickelt haben. So zeigen Glasarmringe beispielsweise nun andere Farben,

Abb. 54: Zeichnerische Rekonstruktion der spätlatènezeitlichen Tracht.

einfachere Profile und wurden auch seltener getragen. Stattdessen kam Anhängerschmuck mit Amulettfunktion in Mode, der aus Reihen kleiner blauer oder einzelnen großen, bunten Glasperlen sowie Bronzeanhängern in Rad- oder sonst einer Form bestand. Frau und Mann trugen schmale Gürtel aus Leder, die mit einem auf einen Ring sitzenden Knopf aus Bronze verschlossen wurden. Als eine aus Italien übernommene Neuerung kamen sogenannte Riemenzungen am herabhängenden Ende hinzu. Von beiden Geschlechtern dürften auch zeittypisch geformte Fibeln zum Verschließen der Kleidung getragen worden sein. Ob es dabei Unterschiede nach Formen und Anzahl gab, ist zwar wahrscheinlich, jedoch nicht mit Gewissheit zu erschließen.

Abb. 55: Ansicht des Gipfelplateaus aus der Vogelperspektive von Süden.

Die Siedlungsflächen

Das Gipfelplateau – Residenz des Adels

In der Südwesthälfte des Oppidums überragt der klippenbewehrte Gipfel 1 das untere Plateau um durchschnittlich 45 m. Er ist wie ein sehr flacher Sattel von etwa 125 x 350 m geformt und bildete mit seinen 3 ha Fläche die Akropolis der Stadtanlage **(Abb. 55)**. Sie war ursprünglich von einer Ringmauer 4 umgeben, die lediglich im Bereich der Felsklippen auf der Nordwestseite sowie im Südosten aussetzte. Ihre Überreste sind durch Erosion und Landwirtschaft heute stark eingeebnet oder durch die Bauten im Bereich der Klause ganz beseitigt. Selbst an den besterhaltenen Stellen misst der Wall kaum mehr einen Meter Höhe. Daher lässt sich auch die alte Torsituation nicht mehr exakt lokalisieren. Sicher ist aber, dass der Zugang wie noch heute über den Nordosthang erfolgte. Am Fuß einer Dolomitfelsklippe erreichte man zunächst eine Geländestufe 5. Sie liegt rund 5 m unterhalb des Plateaus und war in der späten Hallstatt- und frühen Latènezeit durch mächtige Steinmauern befestigt worden. Damals diente sie zur zusätzlichen Sicherung dieser etwas weniger steilen Hangflanke. In der Spätlatènezeit hatte sie diese Funktion

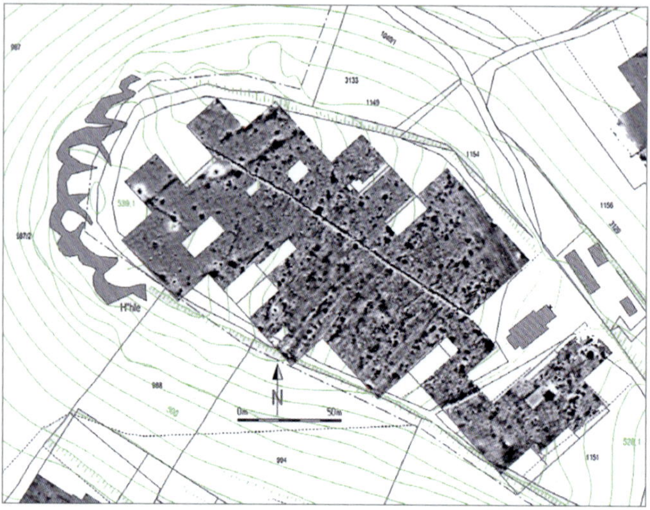

Abb. 56: Plan des Gipfelplateaus mit dem Magnetogramm.

aber bereits verloren und heute gründen die Klausengebäude auf ihr.

Auch die Hochfläche selbst hat im Lauf der Zeit Veränderungen erfahren. G. Roßbach berichtet, dass das Plateau bis zur Mitte des 19. Jhs. durch ein Felsmassiv **3** regelrecht in zwei Hälften geteilt worden ist. Ihr Erdreich besteht aus einer mehrere Dezimeter dicken Kulturschicht, die durch die organischen Hinterlassenschaften der jahrtausendelangen Besiedlung tiefschwarz gefärbt ist. Die zahlreich darin eingeschlossenen Funde befinden sich aber meist nicht mehr in „Originallage", sondern sind durch zahllose „Bauarbeiten" schon in alter Zeit immer wieder umgelagert worden; am stärksten jedoch durch die Nutzung als Ackerfläche, die bis in die 1970er Jahre andauerte. Aufgrund der langen Besiedlungsdauer kann auch aus dem Messbild der geomagnetischen Prospektion kein eindeutiges Siedlungsmuster für die Spätlatènezeit herausgelesen werden, zu zahlreich und unklar sind die häufig ineinander übergehenden Befundstrukturen, die aus den verschiedenen Nutzungsphasen stammen (**Abb. 56**). Und selbst die von 1983 bis 1984 durchgeführte Ausgrabung im Bereich südöstlich der Kapelle war trotz allen Umfangs unter diesen Umständen zu kleinflächig, um einen verwertbaren Planausschnitt

Abb. 57: Drehmühle vom Gipfelplateau während ihrer Auffindung in der Ausgrabung und im gereinigten Zustand (oben links).

der spätlatènezeitlichen Bebauung liefern zu können. Immerhin konnten aber der Abschluss eines Bauwerks mit massiven Pfostenständern, ein Grubenhaus, verschiedene Gruben und nicht zuletzt auch ein Oberflächenrest mit darauf befindlicher Drehmühle nachgewiesen werden **(Abb. 57)**. Aus ihrer Verteilung ist abzuleiten, dass die 3 ha umfassende Hochfläche damals weniger dicht bebaut gewesen ist, als während der früheisenzeitlichen Nutzung.

Die Akropolis des Staffelbergs war bereits Jahrtausende davor besiedelt. Dabei kann nur wenig über die soziale Stellung der jungsteinzeitlichen Siedler ausgesagt werden. Aber die recht zahlreichen Funde von Bronzegegenständen und insbesondere der Nachweis für die Verarbeitung dieses Metalls weisen darauf hin, dass spätestens die urnenfelderzeitlichen Bewohner eine gesellschaftliche Sonderstellung genossen. Noch klarer ist die Situation für die frühkeltische Zeit zu beurteilen, denn zum abermaligen Metallreichtum **(Abb. 58–60)** kommt hier nicht nur eine mächtige Wehrmauer, sondern auch ein sorgfältig mit Steinen befestigter Weg aus dem Tal herauf. So ein Weg ist für die damalige Zeit äußerst ungewöhnlich und hebt die Bedeutung der Siedlung ungemein.

Als etwa 250 Jahre nach der Zerstörung dieser burgartigen Ansiedlung das Oppidum gegründet wurde, wählte auch die spätkeltische Oberschicht das Gipfelplateau als Wohnsitz. Ihre herausgehobene gesellschaftliche Stellung wurde architektonisch durch eine eigene um das Plateau laufende Pfostenschlitzmauer betont. Relativ früh hat sich daher auch die

Abb. 58: Grube 3 auf dem Gipfelplateau mit dem zerdrückten Keramikgeschirrsatz und Brandresten während der Freilegung.

Abb. 59: Umfangreicher Geschirrsatz der Frühlatènezeit aus Grube 3.

Bezeichnung Akropolis für diesen zentralen Teil des Oppidums in der einschlägigen Literatur eingebürgert.

Im Fundgut findet der Metallreichtum nun seinen Höhepunkt und liefert nicht nur zahlreiche Belege für handwerkliche Tätigkeiten, von denen insbesondere das Schmieden

Abb. 60: Fibeln unterschiedlicher Typen der frühen Latènezeit. Die Funde stammen zwar mehrheitlich vom Gipfelplateau, wenige Stücke konnten aber auch auf dem unteren Plateau geborgen werden.

hervorzuheben ist, sondern auch für eine Lebensführung nach gehobenen Standards. Durch Fragmente von Sieben aus Bronzeblech lässt sich beispielsweise der Weinkonsum nach mediterranem Vorbild nachweisen. Denn mit ihnen hat man die Gewürze, die dem Rebensaft aus Italien zugesetzt waren, wieder herausgefiltert. Vermutlich verbergen sich auch unter den recht zahlreichen, aber unbestimmbaren Bronzeblechfragmenten solche, die das spätlatènezeitliche Trinkservice vervollständigen würden. Nachgewiesen werden kann hingegen wieder die Verwendung von großen

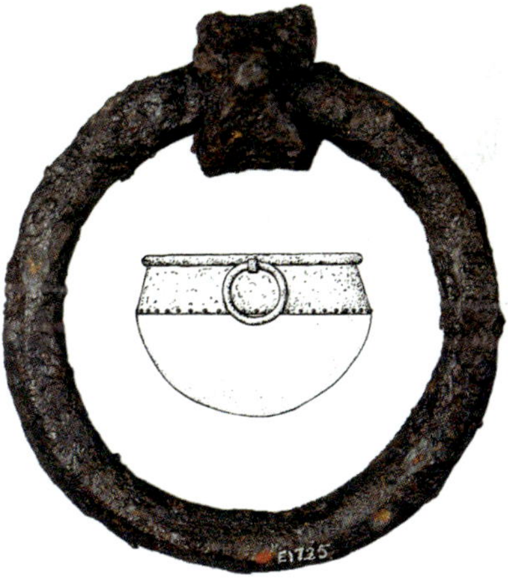

Abb. 61: Ringförmiger Kesselgriff aus Eisen mit zeichnerischer Rekonstruktion.

Abb. 62: Die Funktionalität der Drehmühle erleichterte die Arbeit und steigerte die Produktivität.

Metallkesseln **(Abb. 61)**. Fleisch darin zu kochen war eine typisch keltische Zubereitungsweise, aber durch das wertvolle Metallgeschirr den finanzkräftigen Schichten vorbehalten. Diese benutzten zudem importierte steinerne Drehmühlen zur Verarbeitung von Getreide und folgten darin griechischem Vorbild **(Abb. 62)**. Dass diese Oberschicht einer Kriegerelite angehörte und daraus wahrscheinlich ihre gesellschaftliche Berechtigung bezog, illustrieren verschiedene Waffenfunde. Schließlich unterstreicht auch der Nachweis einer Münzstätte die Anwesenheit einer mehr als wohlhabenden Oberschicht.

Exkurs: Die keltische Gesellschaft

Aus spätkeltischer Zeit sind so gut wie keine Gräber in Süddeutschland bekannt. Also fehlen auch die Grabbeigaben, die den Reichtum und die soziale Stellung der Toten beleuchten könnten. Daher gehört Caesars Bericht über seinen Krieg in Gallien zu den wichtigsten Quellen für die spätkeltische Gesellschaft. Auch wenn darin eigentlich die Verhältnisse in Gallien beschrieben sind, können einige Aussagen doch auch auf unser Gebiet übertragen werden. Grundlegend ist die Feststellung, dass zu Beginn des 1. Jhs. v. Chr. (und vielleicht auch schon am Ende des 2. Jhs. v. Chr.) nahezu überall das Königtum abgeschafft und durch eine Versammlung des Adels ersetzt worden ist. Die Rückkehr zur Alleinherrschaft blieb sehr gefürchtet und Versuche wurden mit der Todesstrafe bedroht. Außerdem wählte man unter den Adeligen zwei *Vergobreten* (keltisch *vergobretos* = „Rechtswirker"), die das höchste Amt innehatten. Ihre Funktion ist mit den römischen Konsuln zu vergleichen, allerdings hatte der *Vergobret* eine größere Machtbefugnis, denn er konnte über Leben und Tod von Stammesangehörigen entscheiden.

Mehr noch als an ihrem Reichtum bemaß sich der politische Einfluss der Adeligen – und damit die Chance, gewählt zu werden – an der Zahl ihrer Gefolgsleute (keltisch *ambactos* = „Gefolgsmann"), welche auch zum Waffendienst verpflichtet waren. Man versicherte sich ihrer durch familiäre Bindungen, materielle Zuwendungen, die Gewährung von Schutz, das Verpachten von Land oder das Teilen bestimmter Überzeugungen. Allerdings konnte man auch durch schnöde Schulden in ein solches Abhängigkeitsverhältnis gezwungen werden. Die Zahl an Gefolgsleuten konnte im Einzelfall recht beträchtlich ausfallen. So berichtet wiederum Caesar von dem helvetischen Adeligen Orgetorix, dass er mehr als 10 000 *Ambakten* um sich versammelte, um einer Verurteilung vor dem Stammesgericht zu entgehen.

Aus der privilegierten Adelsschicht rekrutierte sich auch der religiöse Stand der *Druiden*. Sie nahmen nicht nur priesterliche und bestimmte gesellschaftliche Aufgaben wie etwa die von Richtern wahr, sondern sie galten auch als Gelehrte und Philosophen. Obwohl ihre Ausbildung bis zu 20 Jahre dauern konnte und hauptsächlich aus dem Auswendiglernen ihrer

Lehre – oft in Versform – bestand, strebten dennoch viele sie an. Denn Druiden waren vom Waffendienst und von Steuern befreit. Politische Ämter blieben ihnen aber nicht verwehrt. Diviciacus beispielsweise stand dem gallischen Stamm der *Häduer* auch als *Vergobret* vor. Während eines Romaufenthalts unterrichtete er aber als Druide sogar den berühmten Cicero über die keltische Wahrsagekunst.

Adel und Druiden, also die relativ schmale Spitze der spätkeltischen Gesellschaft, nennt Caesar *„die beiden Klassen von Menschen, die Geltung und Ehre genießen"*. So viel wir über sie wissen, so wenig ist jedoch über die breite Basis der Gesellschaftspyramide bekannt. Sie interessierte die antiken Schriftsteller kaum, denn wie Caesar schreibt: *„das niedere Volk nimmt beinahe die Stellung von Sklaven ein. Es darf von sich aus nichts unternehmen und wird auch zu keiner Versammlung hinzugezogen"*. Gemeint sind damit die Handwerker und vor allem Bauern, deren Lebenswelt sich noch am deutlichsten im archäologischen Fundbild widerspiegelt. Man kann daher nur vermuten, dass auch diese große Gruppe in weitere Klassen unterteilt war, von denen sich nur die Sklaven sowohl durch schriftliche Nachrichten als auch durch vereinzelt gefundene Eisenfesseln nachweisen lassen.

Ganz so düster wie das Bild der keltischen Gesellschaft hier aufscheint, wird es aber wohl nicht gewesen sein. Man darf nicht vergessen, dass es fast ausschließlich aus dem verzerrten Blickwinkel von Fremden gezeichnet worden ist. Dem kann etwa die hohe Wertschätzung und Stellung der Frau entgegengesetzt werden, die griechischen und römischen Männern nur suspekt sein konnte. Auch die Nachricht, dass selbst die Ärmsten nicht in Lumpen gingen, verleiht dem Bild eine wärmere Tönung.

Das untere Plateau

Die Hauptsiedlungsfläche des Oppidums lag auf dem unteren Plateau, das als Oval von 700 x 900 m aus der Jurafläche herausragt. Da sich die Ausgrabungen auf das Gipfelplateau und die Befestigungsanlagen konzentrierten, ist im Vergleich zu seiner Bedeutung nur wenig darüber bekannt. Die Untersuchungen zweier Leitungsgräben konnten als zufällige Querschnitte zwar die zu erwartenden Siedlungs- und Pfostengru-

Abb. 63: Ausgenommener Abschnitt des Grabens auf dem unteren Plateau. Die dunkle Färbung im Zentrum rührt von eingefüllten Brandresten.

ben nachweisen, zur Kenntnis der Bebauungsstruktur trugen sie hingegen wenig bei. Ähnliches gilt für die beiden etwas großflächigeren Ausgrabungen am Westtor (15) und dem Graben (9) unterhalb des Gipfels, denn diesen galten jeweils besonderen Fundkomplexen.

Umgelagerte Funde in den Wallaufschüttungen zeigen immerhin, dass auf dem unteren Plateau bereits gesiedelt worden ist, bevor die Bauarbeiten an den Befestigungsanlagen begonnen hatten. Wenngleich der größte Teil – insbesondere die siedlungsgünstige Fläche östlich des Gipfelplateaus – immer noch fehlt, so haben geophysikalische Prospektionen bereits einen nennenswerten Teil der Innenfläche erfasst. Gleichwohl deutet sich an, dass nicht unbedingt von einer gleichmäßigen Nutzung der gesamten Fläche auszugehen ist. So gibt es dicht besiedelte Areale entlang der Wälle und scheinbare Leerzonen in zentraleren Bereichen, die jedoch auch durch Erosion und Landwirtschaft verursacht sein könnten. Eine echte Grenze stellte aber der Graben östlich des Gipfelplateaus ((9); **Abb. 63**) dar, denn zwischen diesem und der Hochfläche sind kaum Strukturen auszumachen. Im Magnetogramm zeichnen sich hauptsächlich Siedlungsstrukturen ab, die üblicherweise auf vorgeschichtlichen Plätzen zu finden sind: rundliche Vorrats- oder Kellergruben und einzelne Grubenhäuser, hauptsächlich aber Pfostengruben. Zwar lassen sich aufgrund der Messanordnung meist nur die größeren aufspüren, doch immer wieder ergeben sie Hausgrundrisse, die dem zeitüblichen Spektrum entsprechen. Dennoch bleiben die Prospektionsergebnisse mit Vorsicht zu genießen und können nur Anhaltspunkte geben.

Wichtige Ergänzungen hierzu liefert die Verteilung der Funde aus den Oberflächenaufsammlungen. Sie unterstreicht zum einen die durch die Geophysik nachgewiesenen Bebauungsspuren und weist zum anderen den zentralen, flachen Bereich östlich des Gipfels als eine intensiv genutzte Kernzone (7) der Besiedlung aus. Etwa auf halber Strecke zwischen Gipfelplateau und Osttor hat K. Radunz dort zahlreiche Schlacken aufgelesen. Sie belegen Eisen verarbeitende Werkstätten im Zentrum der Hauptsiedelfläche. Schon Jahrzehnte vorher hatte G. Roßbach unterhalb der nordwestlichen Felsklippen (2) etliche große Eisenschlacken aufgelesen. Da er mit ihnen nichts anderes fand, handelt es sich wohl nicht um von oben herab geworfenen Abfall, sondern vielmehr um Spuren von Eisenerzeugung in einer siedlungsungünstigen Hanglage.

Auch wenn sich unser Kenntnisstand seit den 1960er Jahren verbessert hat, kann man durch die bisherigen Prospektionsarbeiten die Grundstrukturen der Bebauung und Nutzung des weitläufigen Plateaus doch nur erahnen. Erst weitere intensive Forschungen könnten hier zu einem wirklichen Verständnis führen.

Kostbares Nass – die Versorgung mit Wasser

Auf der karstigen Jurahochfläche ist die Versorgung mit Wasser ein grundsätzliches Problem. Man kann davon ausgehen, dass die frühen Siedler ihr Wasser an natürlichen Quellaustritten geschöpft haben. Diese bildeten sich auf der mächtigen Stauschicht des Oolithtons, unmittelbar unter den durchlässigen Malmkalken. Im Löwental, auf der Südseite des Berges, sind noch heute mehrere Quellen aktiv, auf der Nordseite einige in modernen Wasserbehältern gefasst. 1914 kam eine Zählung auf insgesamt 16 Quellen. Weitere Wasserstellen können verschüttet sein, denn vielfach sind vom instabilen Rand der Werkkalkplatte ganze Bereiche abgerutscht und haben ihre Schuttkegel hinterlassen. Als „Buckelwiesen" (20) unterhalb des Waldes am Albrand sind sie gut im Gelände auszumachen.

Abb. 64: Dokumentationsarbeiten während der Ausgrabung von 2002 im „Himmelsteich".

Erst für die spätkeltische Zeit sind unsere Informationen etwas aussagekräftiger. So dürfte beispielsweise das Südtor 16 des Oppidums vorrangig den Zugang zu den nahen Quellen 18 im Löwental ermöglicht haben. Ein heute noch vorhandener Pfad führt vom Tor unmittelbar dorthin und offenbar nicht weiter. Auf diesem Weg muss die tägliche Wasserversorgung der Siedlung – zu der ja nicht nur Menschen, sondern auch zahlreiche Tiere gehört haben – im Wesentlichen erfolgt sein.

Wieder einmal scheinen die Bewohner des Gipfelplateaus privilegiert gewesen zu sein. Auf der südöstlichen Seite der Hochfläche zieht nämlich ein bogenförmiger Wall 6 den Hang hinab und bindet an die tiefer liegende Befestigung der Hangterrasse 5 an. Bei einer Ausgrabung im Jahr 1938 wurde festgestellt, dass er innen mit Lehm ausgekleidet war. Dies spricht für die Deutung dieser etwa 40 m breiten Mulde als große Zisterne zur Sammlung von Oberflächenwasser. Der Flurname „Himmelsteich" offenbart, dass dort noch in historischer Zeit Wasser gestanden haben muss. Neuerlich im Jahr 2002 durchgeführte Ausgrabungen stießen in seinem Zentrum selbst in fast 4 m Tiefe noch nicht auf den Grund des Wasserreservoirs (aus Sicherheitsgründen konnte nicht tiefer gegraben werden; **Abb. 64**). Sie brachten aber abso-

Exkurs: Die Ernährung der Kelten

Wie in allen vorgeschichtlichen Gesellschaften wurde auch von den Kelten die Landwirtschaft in erster Linie zur Deckung des eigenen Bedarfs an Nahrungsmitteln betrieben. Selbst nachdem ab Mitte des 3. Jhs. v. Chr. Großsiedlungen und später auch Oppida entstanden, scheint dies nur vergleichsweise geringe Veränderungen gebracht zu haben. Allerdings *mussten* von nun an deutliche Überschüsse erwirtschaftet werden.

Angebaut wurde eine Vielzahl von Kulturpflanzen. Den Getreidesorten Emmer, Einkorn, Nacktweizen, Gerste, Dinkel und Hirse kam dabei eine besondere Bedeutung zu. Während sich die Gerste nur zur Zubereitung von Breispeisen oder zum Bierbrauen eignet – *corma* und *cervisia* sind als keltische Bierbezeichnungen überliefert –, stellte der hauptsächlich in Wintersaat angebaute Dinkel das wichtigste Brotgetreide dar. Er ist recht ertragreich und ergibt ein eiweißreiches Mehl. Für die vorgeschichtliche Vorratshaltung war es von Vorteil, dass sein Korn fest in die Spelzen eingebettet ist. Daher ist er auch bei längerer Lagerung kaum anfällig für Schimmel, Fäulnis und Schädlinge. Vor dem Mahlen musste er jedoch erst gedarrt und durch Mörsern oder mäßiges Reiben entspelzt werden. Weniger aufwendig war die Verarbeitung von Emmer und Nacktweizen, die ebenfalls zu den geeigneten Brotgetreiden zählen. Der Pro-Kopf-Verbrauch von Getreide wird bei vorindustriellen Gesellschaften mit etwa 250 kg/Jahr beziffert. Er beläuft sich also bei einer Familie von fünf bis sieben Personen auf rund 1250–1750 kg. Dem gegenüber steht ein durchschnittlicher Ertrag von ca. 600 kg/ha, sodass allein dafür zwischen 2 und 3 ha Anbaufläche benötigt wurden. Hinzu kommen allerdings noch Flächen zur Erzeugung des Saatgetreides und für die Brache. Neben Getreide bauten die Kelten aber auch eine Fülle von anderen Pflanzen an. Dazu gehören die proteinreichen Hülsenfrüchte Erbse, Linse, Ackerbohne und Linsenwicke oder die Ölpflanzen Lein, Leindotter, Mohn und mitunter auch der Hanf. Auch eine Art Gartenbau scheint es gegeben zu haben. Hier sind bisher Dill, Sellerie, Petersilie und Gartenmelde sowie die Birne und die Süßkirsche nachgewiesen. Das erscheint wenig, jedoch liegt dies wohl in erster Linie an den geringen Chancen dieser Arten, durch Verkohlung archäologisch nachweisbar zu werden. Dies gilt in ähnlicher Weise auch für eine lange Liste von Wildpflanzen, die zumindest grundsätzlich zur Verfügung standen und einen wichtigen Beitrag zur Deckung des Bedarfs an Mineralstoffen und Vitaminen leisten konnten. Zu ihnen gehören neben essbaren Sammelpflanzen wie Himbeere, Haselnuss, Holunder, Erdbeere, Hagebutte, Wildapfel, Schlehe, Wildbirne, wilde Möhre, Malve, Feldsalat, Katzenminze und Johanneskraut auch Pilze oder solche Pflanzen, die medizinisch wirksame Inhaltsstoffe besitzen.

Weniger bedeutsam für die allgemeine Ernährung war Fleisch. Es war teuer und wird daher nur bei den oberen Gesellschaftsschichten häufiger auf dem Speiseplan gestanden haben. Selbst für eine sicher etliche Tausend Einwohner beherbergende Siedlung wie dem Oppidum von Manching konnte aufgrund der gefundenen Tierknochen nur die relativ geringe Menge von 220 kg Fleisch pro Tag errechnet werden. Traditionell wurde Fleisch bei den Kelten in großen Metallkesseln oder in geeigneten Tongefäßen, die an einem Dreibein über der Feuerstelle hingen, gekocht. In den Oppida kam unter römischem Einfluss das Braten auf dem eisernen Rost hinzu. Vielleicht wurden darauf nicht nur Fleischstücke gebraten, sondern bereits Würste, von deren Existenz bei den Kelten wir aus der schriftlichen Überlieferung wissen. Die Hauptlieferanten für Fleisch stellten Rinder und Schweine dar. Das Schwein erreichte zwar nicht den Wuchs heutiger Zuchtformen, verglichen mit den übrigen Haustieren aber eine beachtliche Größe. Aufgrund seiner hohen Fruchtbarkeit, schnellen Gewichtszunahme und guter Schlachtausbeute war es als Fleischlieferant besonders geeignet. In der Regel hielt man es in Herden und wird diese zur Mast mit Eicheln und Bucheckern in die Wälder getrieben haben. Daher braucht es nicht zu verwundern, dass gepökeltem Fleisch aus Gallien eine besondere Qualität nachgesagt und dieses bis Rom exportiert wurde, wie Strabon berichtet. Die damaligen Rinder waren hingegen recht klein und brachten nur bis zu 250 kg Schlachtgewicht auf die Waage. Auch ihre Milchleistung wird nicht übermäßig hoch ausgefallen sein. Als Milchlieferanten kommen außerdem Ziegen und im Frühjahr nach der Lammzeit auch Schafe in Betracht. Aber natürlich wurden sie auch gegessen, so wie auch der treueste Begleiter des Menschen, der Hund. Zudem hielt man Gänse und Hühner als Nahrungslieferanten, wobei letztere zunächst hauptsächlich als Ziervögel gedient hatten und auch in spätkeltischer Zeit noch nicht täglich Eier legten.

lut horizontal verlaufende Schichten ans Licht, die nicht nur die Deutung als Zisterne unterstützen, sondern durch Funde auch ihre Nutzung in der späten Latènezeit belegen. (Die darüber liegenden jüngeren Schichten sind in Richtung Gipfel zunehmend mit Steinen durchsetzt und lieferten spätmittelalterliche Keramikscherben. Ihr Ursprung liegt im Abbau von Dolomit an den oberhalb gelegenen Klippen.) Durch die Einbindung in das innere Befestigungssystem ist klar, dass die Kontrolle über diesen Wasservorrat bei der Oberschicht lag. Ob es sich dabei um einen Notvorrat handelte, der der gesamten Siedlung zur Verfügung gestanden hätte, oder ob er allein den Bedarf des Gipfelplateaus decken sollte, ist heute nicht mehr zu entscheiden.

Was uns das Geld sagt

Im Kontakt mit der griechischen Welt lernten die Kelten das Münzgeld kennen. Es dürften vor allem Söldner aus den hellenistischen Heeren gewesen sein, die mit ihrem Sold auch die Kenntnis des Geldwesens in ihre keltische Heimat zurückbrachten. So ist es zu erklären, dass ab etwa 300 v. Chr. im Donauraum und wenig später auch in Gallien griechische Münzen nachgeahmt wurden. Bald schon entstanden daraus eigene Prägungen in unterschiedlichen Münzlandschaften. Und zu Zeiten der Oppida existierte dann bereits ein weitgehend einheitlich gegliedertes System. Spätestens jetzt dienten Münzen nicht mehr nur der Hortung von Vermögen, sondern als echtes Zahlungsmittel.

Der „Münzspiegel" des Staffelbergs ist nicht besonders umfangreich. Er kann aber doch etwas zur Geschichte der Siedlung und ihrer Verbindungen aussagen. Das älteste Stück ist gleichzeitig ein Exot **(Abb. 65)**. Es handelt sich nämlich um eine Silberdrachme aus dem 32. Regierungsjahr des Ariarathes IV. Eusebes von Kappadokien. Sie stammt aus der Aufschüttung des Walles auf der Ostseite und liefert durch ihr Prägejahr 188 v. Chr. ein Datum, vor dem die Stadtmauer nicht errichtet worden sein kann. Allerdings sagt das relativ wenig aus, denn die übrigen Funde sprechen für einen deutlich späteren Baubeginn. Unklar bleiben muss auch, auf welchem

Abb. 65: Silberne Drachme des Ariarathes IV. Eusebes von Kappadokien.

Abb. 66: Römischer Denar.

Weg die Münze nach Oberfranken gelangt ist. Wurde sie von einem heimgekehrten Söldner verloren oder ist sie Zeuge von Beziehungen zu den keltischen Galatern in Kleinasien? Auch die jüngste Münze ist keine keltische Prägung, sondern ein silberner Denar, der im Jahr 55. v. Chr. in Rom geschlagen worden ist **(Abb. 66)**. Für die Geschichte der Siedlung besitzt er allerdings größere Bedeutung, denn das Ende der Siedlung kann sonst nur relativ unscharf gefasst werden. Da die Münze einigermaßen abgegriffen ist, muss sie einige Zeit in Umlauf gewesen sein. Dies wiederum spricht dafür, dass das Staffelberg-Oppidum erst einige Zeit nach 50 v. Chr. aufgegeben worden sein dürfte.

Bei den restlichen Stücken handelt es sich um keltische Prägungen der 1. Hälfte des 1. Jhs. v. Chr. Mehrheitlich sind es

Abb. 67: Verschiedene keltische Quinare und Kleinsilbermünzen.

kleine Silbermünzen, die aus dem bayerischen Donauraum stammen: sogenannte vindelikische Quinare und Kleinsilbermünzen **(Abb. 67)**. Sie zeigen auf der Vorderseite einen stilisierten Menschenkopf und auf der Rückseite ein Pferd mit variierendem symbolischen Beiwerk. Die enge Ausrichtung nach Süden wird unterstrichen durch ein exaktes Vergleichstück aus dem Oppidum von Manching, das den gleichen eingestempelten Fehler wie eine der Münzen vom Staffelberg zeigt. Die keltischen Bezeichnungen der Münzen sind natürlich nicht überliefert. Die moderne Forschung hat sie nach römischen und griechischen Münzen benannt, die man aufgrund der Darstellungen oder des Gewichts für die Vorbilder hält. So etwa den römischen Quinar mit durchschnittlich 1,8 g Gewicht, oder die auch als Obolos bezeichnete Kleinsilbermünze, die nur einem Bruchteil eines Gramms wiegt. Mit manchmal nur einem halben Zentimeter Durchmesser handelt es sich im wahrsten Sinne des Wortes um Kleingeld, das immer wieder einmal verloren gegangen zu sein scheint. Umso erstaunlicher ist die oft detaillierte Ausformung der

Abb. 68: Ostgallischer Kaletedou-Quinar aus Potin.

Münzbilder, bei der man sich nur schwer vorstellen kann, wie sie der Stempelschneider ohne Sehhilfe geschaffen hat.

Neben solchen einheimischen Münzen kennt man auch ein paar „fremde" keltische Prägungen vom Staffelberg. Zu nennen sind eine Silbermünze aus Ostgallien, ein sogenannter Kaletedou-Quinar, der dem Stamm der Häduer zugeschrieben wird **(Abb. 68)**, eine Potinmünze der Helvetier sowie eine Silbermünze der Boier. Freilich müssen diese Münzen nicht auf dem direkten Weg zum Staffelberg gelangt sein, aber sie werfen doch Schlaglichter auf seine Fernbeziehungen und „internationalen" Handelsverflechtungen.

Münzen waren im Staffelberg-Oppidum aber nicht nur im Umlauf, sondern sie wurden dort auch geprägt. Einen ersten Münzstempel hatte bereits G. Roßbach auf dem Gipfelplateau (1) entdeckt und während der Ausgrabungen der 1980er Jahre kamen zwei weitere hinzu. Aus unbekannten Gründen sind ihre Stempelflächen bereits in alter Zeit zerstört und sie damit unbrauchbar gemacht worden. Dennoch ist aufgrund von Form und Größe noch zu erkennen, dass sie zur Prägung von Goldmünzen gedient hatten **(Abb. 69)**. Aufgrund ihrer charakteristischen Napfform werden solche Münzen auch „Regenbogenschüsselchen" genannt – eine Bezeichnung aus dem Volksglauben, die Eingang in die Fachliteratur gefunden hat. Sie gelten in Süddeutschland als die „klassischen Keltenmünzen" schlechthin. Allerdings hat man auf dem Staffelberg noch keines gefunden, sodass der nächstgelegene Fundort erst beim einige Kilometer entfernten Wattendorf liegt.

Abb. 69: Eiserner Münzstempel vom Gipfelplateau und goldenes Regenbogenschüsselchen von Wattendorf.

Abb. 70: Die Prägung von Münzen geschah im Auftrag der herrschenden Elite.

Wie bereits erwähnt, stammen alle Belege für die Münzherstellung vom Gipfelplateau. Neben den eisernen Stempeln ist vielleicht noch ein Gusstiegel aus Ton zu nennen, der durch Trennwände in vier Abteilungen geteilt ist und eventuell zum Schmelzen des Münzmetalls gedient haben könnte. Klar ist aber, dass die Münzprägung unter Aufsicht des lokalen Adels bzw. des Anführers stand und sehr wahrscheinlich in seinem Auftrag erfolgte (**Abb. 70**). Münzen durfte prägen, wer es sich aufgrund seines Vermögens leisten konnte und in politischer Verantwortung stand. Man spricht daher von sogenannten Magnatenprägungen, denn ein staatliches Münzmonopol gab es noch nicht.

Handwerk und Handel

Trotz der wenig umfangreichen Ausgrabungen in den eigentlichen Siedlungsbereichen sind wir durch die seit über 100 Jahren zusammengetragenen Funde über verschiedene Aspekte des täglichen Lebens unterrichtet. Dabei nehmen Zeugnisse des Handwerks und Handels sowie der adeligen Lebensführung eine besondere Stellung ein, vertreten sie doch drei wichtige Funktionen, denen die Oppida ihre Existenz verdanken: nämlich als Zentren der Produktion, des Warenumschlags und als urbaner Sitz der führenden Oberschicht.

Der wichtigste Handwerker der Latènezeit war ohne Zweifel der Schmied. Er fertigte nicht nur zahlreiche Dinge des täglichen Bedarfs (**Abb. 71**) wie Werkzeuge und Geräte an, die von anderen Handwerkern oder in der Landwirtschaft dringend benötigt wurden, sondern auch die qualitätsvollen und ansprechend gestalteten Waffen der gefürchteten keltischen Krieger. Gemäß dieser Bedeutung waren mehrere Schmiede im Oppidum tätig und haben ihre Spuren auf dem Gipfelplateau 1, in der zentralen Siedlungsfläche 7 und am West-

Abb. 71: Einfache, aber wichtige Schmiedeerzeugnisse: Messer.

Abb. 72: Eisenschlacken belegen die Verhüttung und Verarbeitung von Eisen vor Ort.

Abb. 73: Zahlreiche Halbfabrikate und Abfallstücke sind Zeugen eines produktiven Schmiedehandwerks.

Abb. 74: Werkzeuge des Schmieds: Zange und Hammer.

Abb. 75: Qualitätsvoller und aufwendiger gestaltet als viele andere: ein eiserner Schlüssel.

tor 15 hinterlassen. Die konkreten Hinterlassenschaften dieser Werkstätten bestehen aus zahlreichen Schlackestücken **(Abb. 72)** vom Schmiedeprozess sowie aus kleinen Abfallstücken, Resten von Rohmetallbarren und sogenannten Halbfabrikaten aus Eisen **(Abb. 73)**, die nicht selten noch Spuren bestimmter Arbeitsschritte und Hammereindrücke aufweisen. Hinzu kommen Werkzeuge wie eine große Schmiedezange, ein Hammer zum Nieten oder Treiben **(Abb. 74)**, verschiedene Meißel, Durchschläge und Feilen. Eines ihrer ansprechendsten Produkte ist ein sehr sorgfältig gearbeiteter Schlüssel **(Abb. 75)**. Einer der Schmiede scheint auch Altmetall zur späteren Wiederverwendung gesammelt zu haben. Jedenfalls

Abb. 76: Sensenringe zum Befestigen des Sensenblattes und eine Tüllenhacke sind nur ein Teil der landwirtschaftlichen Geräte aus dem Oppidum.

konnte G. Roßbach eng zusammenliegend u. a. verschiedene Werkzeuge, Teile von landwirtschaftlichen Geräten **(Abb. 76)**, Radbeschläge, eine Lanzenspitze und das Bruchstück einer Schwertklinge freilegen. Eisen stellte also einen sehr wichtigen Faktor im Oppidum auf dem Staffelberg dar. Da aber Hinweise auf einen anderen, auch nur annähernd so bedeutsamen Wirtschaftszweig fehlen, steht zu vermuten, dass die Gewinnung und Verarbeitung des Rohstoffs ausschlaggebend für die Siedlungsgründung gewesen sein könnten. Während man aber beispielsweise auf der Südlichen Frankenalb, besonders in der Region um das Oppidum von Kelheim, ausgedehnte Schürfgrubenfelder kennt und auch schon mehrere Schmelzöfen untersuchen konnte, ist nichts Vergleichbares aus dem Umfeld des Staffelbergs bekannt. Wir wissen bislang noch nichts über die Gewinnung des Erzes und kaum etwas über seine Verhüttung. Lediglich die erwähnten Schlacken unterhalb des Gipfelplateaus könnten einen Hinweis auf Verhüttungsprozesse innerhalb der Siedlung geben.

Auch das Holzhandwerk ist durch verschiedene Eisenwerkzeuge nachzuweisen. Dazu gehören Äxte, Beile **(Abb. 77)**, Löffelbohrer **(Abb. 78)**, ein Stemmeisen und verschiedene Beitel. Leider sind sie meist unspezifisch und können in unterschiedlichen Sparten des Handwerks Verwendung gefunden haben. Das Spektrum reicht vom Zimmermann über den Tischler bis hin zum Büttner und Fassbinder. Lediglich die langschäftigen Beitel **(Abb. 79)** lassen sich einem Drechsler

Abb. 77: Die Tüllenaxt (mit rekonstruiertem Stiel) war ein Allround-Werkzeug der Latènezeit.

Abb. 78: Löffelbohrer wurden von verschiedenen Holzhandwerkern benutzt.

Abb. 79: Die zusammengehörigen Beitel aus dem Depotfund gehörten ursprünglich wohl einem Drechsler oder Wagner.

oder vielleicht auch einem Wagner zuordnen, der sie zum Formen der Naben gebraucht hätte.

Zu den einfachen und kleinsten von den Schmieden hergestellten Geräten zählen die Pfrieme oder Stichel (Abb. 80). Als Allzweckwerkzeug können sie zwar in jedem Haushalt vorhanden gewesen sein, bei der Lederverarbeitung waren sie jedoch unerlässlich. Durch eine ganze Anzahl solcher Pfrieme zusammen mit einem Gerät zum Schneiden von Fur-

Abb. 82: Bruchstücke von Scharnieren aus Geweih und ihre zeichnerische Rekonstruktion.

Abb. 80: Allzweckwerkzeuge und Beleg spezialisierten Lederhandwerks zugleich: Pfrieme.

chen für eine vertiefte Naht kann auch dieses archäologisch nur schwer belegbare Handwerk nachgewiesen werden. Vermutlich hatte ein Schuster für die Arbeiter an der Baustelle des Westtores Reparatur- und Flickarbeiten vorgenommen.

Aufgrund seiner Produkte ist auch ein Knochen- und Geweihschnitzer im Oppidum anzunehmen. Dazu zählen ein vierseitiger Würfel, ein fein gearbeitetes Knochenstäbchen unbekannter Funktion **(Abb. 81)** und mehrere Bruchstücke von Scharnieren, die aus Geweih hergestellt sind **(Abb. 82)**. Alle Stücke wurden in charakteristischer Weise mit sogenannten Kreisaugen verziert, welche mittels eines speziellen Bohrers entstanden. Die Geweihscharniere waren ursprünglich Teile von Truhen oder Kästchen. Sie werden zwar regelmäßig in Oppida gefunden, sind aber dennoch einigermaßen selten und Zeugnisse einer gehobenen Lebensführung, die sich sicherlich nicht jedermann zu leisten im Stande war.

Abb. 81: Fein gearbeitet, aber unbekannt in der Funktion: ein verziertes Knochenstäbchen.

Abb. 83: Aus vielen Scherben wieder zusammengesetzt: ein Gefäß, das auf der schnelldrehenden Töpferscheibe gefertigt wurde.

Ein Handwerkszweig, der vollständig ohne die Erzeugnisse des Schmiedes ausgekommen sein dürfte, war die Töpferei. Wo ihre Werkstätten lagen, ist unbekannt, aber aufgrund der Feuergefahr sind sie eher am Rand des besiedelten Bereichs zu vermuten. Gleichwohl wurde noch kein Töpferofen, der sich sehr deutlich im Messbild der Geomagnetik abzeichnen müsste, erfasst. Ihre Erzeugnisse hingegen sind als Keramikscherben sowohl in den Ausgrabungen als auch als Lesefunde allgegenwärtig. Gewerbsmäßige Töpfer arbeiteten in der späten Latènezeit in aller Regel mit der sich schnell drehenden Töpferscheibe **(Abb. 83)** und nur ausnahmsweise wurden Gefäße wie z. B. große Vorratstöpfe freihändig aufgebaut.

Abb. 84: Sehr zahlreich zu finden und „Leitfossil“ der jüngeren Latènezeit: Scherben von metallisch glänzender Graphittonkeramik.

Wenngleich das Spektrum der produzierten Gefäße mit verschiedenen Formen von Schalen, Schüsseln, Töpfen und Flaschen den täglichen Bedarf sicherlich gedeckt haben wird, ist die Auswahl an Warenarten auf dem Staffelberg verglichen mit anderen Oppida gering. Die vor Ort hergestellte glatte Drehscheibenkeramik wurde ergänzt durch sogenannte Graphittonkeramik **(Abb. 84)**. Diese besitzt einen silbrig-metallischen Glanz, ist wasserabweisend, besonders feuerfest und wurde daher vorwiegend als Kochgeschirr verwendet. Es handelt sich um meist sehr gleichförmige Töpfe mit einem wulstigen Rand zur Stabilisierung und einer Wandung, die zur sichereren Handhabung mit einem kammartigen Gerät aufgeraut wurde. Den dafür benötigten Rohstoff hat man in der Nähe von Passau abgebaut und entweder als Tonmasse oder auch als fertiges Geschirr in den Handel gebracht. Daher war Graphittonkeramik einigermaßen wertvoll. Das erklärt, warum man gerissene Gefäße häufig durch Eisenklammern

Abb. 85: Auf dem Staffelberg sehr selten: Fragmente eines streifenbemalten Gefäßes.

reparierte oder aus völlig unbrauchbaren Scherben den Schamottzusatz für anderes Geschirr machte. Sehr wahrscheinlich ebenfalls ein Importstück war ein einzelnes streifenbemaltes Gefäß, dessen Scherben aus dem Graben östlich des Gipfelplateaus geborgen werden konnten **(Abb. 85)**. Auf seinem hellbraunen, matten Tongrund sind umlaufende Streifen aus rotem, weißen und schwarzen Glanzton aufgemalt. Diese auf griechische Techniken zurückgehende Zierweise kennzeichnet eine Tonware, die zur Ausstattung wohlhabender und reicher Haushalte der späten Keltenzeit gehörte. Weitere Stücke dieser Ware sind bislang auf dem Staffelberg nicht aufgetaucht, was nicht nur an den schlechten Erhaltungsbedingungen für das empfindliche Dekor liegen wird. Ein vergleichsweise hoher Anteil von handgemachter Keramik im Fundmaterial könnte darauf hindeuten, dass nur wenige Töpfer im

Abb. 86: Auswahl von tönernen Spinnwirteln aus dem Oppidum.

Oppidum ansässig waren und ein Teil des notwendigen Geschirrs auch im Hauswerk hergestellt worden sein könnte.

Auch Textilien einfacherer Qualität werden im Hausfleiß erzeugt worden sein. Etliche sogenannte Spinnwirtel, die als Schwunggewichte der hölzernen Spindeln dienten, zeugen noch davon **(Abb. 86)**. Feinere Stoffqualitäten wird man hingegen im Handel erstanden haben. Ergänzend sind für diesen Bereich noch etliche Nähnadeln aus Bronze zu erwähnen, die von G. Roßbach auf dem Gipfel zusammengesammelt werden konnten.

Mehrere eiserne Hacken und Sensenringe, mit denen man das Sensenblatt am Schaft befestigte, machen es wahrscheinlich, dass innerhalb des Oppidums auch Bauern lebten, die von hier aus ihre Felder im Umland bestellten. Ihnen dürfte auch eine Schere zuzuordnen sein, die beispielsweise für die Schafschur geeignet ist **(Abb. 87)**.

Abb. 87: Verbogene eiserne Bügelschere (zeichnerische Rekonstruktion unten links).

Mehrfach klang schon an, dass das eine oder andere Objekt durch Handel ins Oppidum gelangt ist. Dennoch ist davon auszugehen, dass damit noch nicht die Handelsgüter gestreift wurden, die den eigentlichen Fernhandel als wirtschaftlichen Motor die Siedlung am Laufen hielten. Wie gezeigt, kann auch nur vermutet werden, dass der Rohstoff Eisen *das* Exportgut des Staffelbergs gewesen sein könnte. Auch der Handel mit Sklaven muss in Betracht gezogen werden. Nicht nur, dass sich überall in der keltischen Welt die Hinweise hierauf verdichten, vielmehr gibt es vom Staffelberg mehrere einfache Gürtelverschlüsse, die nicht zur keltischen Tracht gehörten, jedoch bei den nördlich lebenden Germanen gebräuchlich waren. Andere Belege hingegen, die zeigen könnten, dass Germanen „regulär" hier gelebt hätten, fehlen. Mit der Lage am Nordrand der süddeutschen Oppida-Zone könnte dem Staffelberg theoretisch sogar eine Schlüsselrolle in diesem Geschäft zugekommen sein.

Ein paar Dinge lassen sich jedoch identifizieren, die neben dem bereits Erwähnten sicher von außerhalb eingeführt worden sind. Hierzu gehören beispielsweise steinerne Drehmühlen, von denen ein vollständiges Exemplar auf dem Gipfelplateau und mindestens ein weiteres Bruchstück am Westtor ausgegraben werden konnten. Da sich die in der Region vorhandenen Gesteine nicht für ihre Herstellung eignen, müssen sie aus weiterer Entfernung hierher gelangt sein. Den genauen Herkunftsort könnte aber erst eine Materialanalyse preisgeben.

Auch Glasschmuck wurde nicht auf dem Staffelberg hergestellt, sondern in spezialisierten Produktionszentren, von denen die nächstgelegenen in Südbayern bestanden. Es fällt auf, dass ausgesprochen wenige Glasobjekte im Oppidum gefunden wurden, nämlich lediglich drei Fragmente von kobaltblauen Armringen und drei von mehrfarbigen Ringperlen **(Abb. 88)**. Das ist umso bemerkenswerter, als in der nicht allzu weit entfernten Großsiedlung von Altendorf eine große Menge von Glasschmuck zutage gekommen ist. Es ist wohl nur so zu erklären, dass diese Objekte den Staffelberg nicht als Ware über ein Verteilungsnetzwerk erreicht haben, sondern als Schmuck von Einzelpersonen. Warum jedoch ein so bedeutender Ort ausgespart blieb, kann nicht recht erklärt werden. Sicher ist aber, dass der Staffelberg in dieser Hinsicht

Abb. 88: Die Bruchstücke eines kobaltblauen Armrings (oben) und zweier großer Ringperlen (unten) gehören zu den wenigen latènezeitlichen Glasfunden vom Staffelberg.

nicht alleine dasteht, denn trotz größerer Nähe zu den Herstellungszentren lieferte beispielsweise auch das Oppidum von Kelheim nur sehr wenig Schmuck aus Glas. Ähnliches ist für die beiden Fingerringe anzunehmen, die ursprünglich einmal mit geschnittenen Gemmen aus Bernstein oder gefärbtem Glas versehen waren **(Abb. 89)**. Gemmenringe stammen aus dem republikanischen Italien und erfreuten sich bei der dortigen Oberschicht großer Beliebtheit. Selbst eiserne Exemplare, wie eines der beiden Stücke vom Staffelberg, trug man als stolze Zeichen des Ritter- und Senatorenstandes. Wie Grabfunde beweisen, waren sie auch beim keltischen Adel beliebt und so verwundert es nicht, sie auch in den Oppida zu finden. Wir wissen nicht, wo und wie sie von ihren Trägern erstanden worden sind, aber sicherlich kamen sie nicht in größeren Chargen in den Handel.

Abb. 89: Die beiden italischen Fingerringe aus Bronze (links) und aus Eisen (rechts) trugen einst Einlagen aus Glas oder Bernstein und waren als Schmuckstücke beim keltischen Adel beliebt.

Ebenfalls mit dem Lebensstil der keltischen Oberschicht zu verbinden sind die zahlreichen Reste von Bronzegefäßen, die bislang nur auf dem Gipfelplateau gefunden werden konnten. Meist sind sie kleinteilig zerbrochen oder in ihrer Form so wenig aussagekräftig, dass sie auch in die anderen metallzeitlichen Besiedlungsperioden gehören könnten. Der eiserne Ring zum Aufhängen eines Metallkessels und drei Bruchstücke von Siebgefäßen aus Bronze gehören jedoch sicher in die Zeit des Oppidums. Sie können sinnbildlich für die adlige Selbstdarstellung stehen, zu der maßgeblich das Ausrichten von Festgelagen gehörte. Dabei verbanden sich die Gebräuche der einheimischen Speisenzubereitung mit aus dem Mittelmeerraum übernommenen Trinksitten. Man aß Fleisch, das in Kesseln gekocht worden war, und trank einen mit Gewürzen versetzten Wein, den man zuvor durchseihen musste. Der Wein war kostspielig, musste er doch über Gallien aus Italien importiert werden. Erst nach vielen Zwischenstationen gelangte er auf den Staffelberg. Solange er auf Flüssen transportiert werden konnte, wurde er in seinen originalen Transportamphoren belassen. Erst als sich dies nicht mehr bewerkstelligen ließ und man zunehmend den Landweg nutzen musste, füllte man ihn in Holzfässer – übrigens eine keltische Erfindung – um. Diese waren nicht nur stabiler als die Keramikbehälter, sondern auch leichter.

Wege, Straßen und Plätze

Gerade wenn größere Warenmengen auf dem Landweg über weite Strecken bewegt werden sollten, war schon in vorgeschichtlicher Zeit der Wagen das Mittel der Wahl. Bereits in der Jungsteinzeit – und damit etwa zur gleichen Zeit wie in Mesopotamien – fanden in Europa erste Fahrzeuge auf Rädern Verwendung. Und in der Bronzezeit entwickelte sich das Fahren auf dem nun erstmals von Pferden gezogenen Wagen zum Statussymbol der obersten Gesellschaftsschicht. Dies blieb auch während der keltischen Eisenzeit so, aber es wurden außerdem neue Wagentypen für die unterschiedlichsten Verwendungszwecke entwickelt und ihre technischen Details immer weiter verbessert und verfeinert, sodass man in der spätkeltischen Zeit von einer Blüte des Wagner- und Stellmacherhandwerks sprechen kann. Dies bezeugen nicht nur die aus dieser Zeit erhaltenen gebliebenen Räder, Zubehörteile und sogar ein vollständiger Wagen, sondern insbesondere der Umstand, dass zahlreiche keltische Wagenbezeichnungen in das lateinische Vokabular übernommen wurden.

Die Benutzung von Wagen im größeren Stil ist nur dann sinnvoll, wenn auch ein ausreichend ausgebautes Wegenetz vorhanden ist. Hier dürfte auch wieder der keltische Adel ins Spiel kommen, der nicht nur die Mittel besaß, entsprechende Bauprojekte ausführen zu lassen, sondern einmal mehr auch davon profitieren konnte. Nicht nur, weil er in irgendeiner Weise am Handel beteiligt gewesen ist, sondern auch weil beispielsweise Brücken die Möglichkeit boten, Zölle zu erheben. Caesar erwähnt dies in seinem Bericht über den Gallischen Krieg ebenso selbstverständlich wie überhaupt das Vorhandensein von Brücken. In Hessen und in der Schweiz konnten mehrere Brücken aus der spätkeltischen Zeit ausgegraben werden, die älteste bekannte keltische Brücke aus dem 6. Jh. v. Chr. wurde jedoch in Bayern bei Neuburg a. d. Donau gefunden. Etwa aus dieser Zeit stammen auch die frühesten künstlich angelegten Straßen. So hat man im Altmühl- und Schwarzachtal dort, wo der nasse Talgrund schlecht zu begehen und zu befahren war, regelrechte Trassen aus Steinen aufgeschüttet. Und im 5. Jh. v. Chr. führte ein solcher Weg auch aus dem Maintal auf den Staffelberg hinauf **(Abb. 90)**.

Abb. 90: Der Ausschnitt eines geschotterten Weges des 5. Jhs. v. Chr. konnte während der Ausgrabung des Westtores freigelegt werden.

Abb. 91: Der vom Westtor wegführende, spätlatènezeitliche Wegabschnitt zeigt mit den unterschiedlichen Materialen deutliche Spuren von nachträglichen Ausbesserungen.

Nicht nur die Seltenheit solcher Befunde macht ihn zu etwas Besonderem, sondern v. a. der Umstand, dass er als ein für jeden sichtbarer Ausdruck von Macht außerhalb der damaligen Siedlung lag.

Abb. 92: Eiserne Achsnägel wurden quer durch die hölzerne Achse gesteckt und sollten verhindern, dass sich das Rad lösen kann.

Übertroffen wurde dieser frühe Weg zur Zeit des spätkeltischen Oppidums. Noch bevor man die Stadt durch das Haupttor im Westen **15** betrat, war die hineinführende Straße durch einen Belag aus kleinen Kalksteinplatten und Dolomitknollen befestigt. Selbst bei schlechtem Wetter konnte man so die Siedlung einigermaßen komfortabel zu Fuß erreichen. Aber auch Zug- und Lasttiere fanden sicheren Tritt und Wagenräder einen festen Untergrund. Wir wissen nicht, wie weit sich diese Straße vor die Stadt erstreckte, aber spätestens in der Torgasse hatte man sie erreicht. Unmittelbar innerhalb des Tores kreuzte diesen Weg ein weiterer von Süden nach Norden und bildete einen kleinen Platz aus. Von hier aus konnten unterschiedliche Stadtviertel erreicht werden **(Abb. 91)**. Hervorzuheben ist, dass man diese Wege immer wieder in Stand gesetzt und erneuert hat, was an seinen Schichten und verschiedenen Materialien abzulesen ist. Ein Wegeabschnitt war sogar auf einem künstlich geböschten Damm aus großen Steinbrocken und Lehm errichtet worden – eine Bauweise, die man bislang erst den Römern zugetraut hatte. Überhaupt hatte diese Baumaßnahme in Umfang und Nutzungszeit Ausmaße, wie man sie aus Süddeutschland für diese Zeit noch nicht kannte. Der ins Innere der Siedlung führende Weg **10** war bis zum Aufbringen einer Schotterschicht vor wenigen Jahrzehnten sogar immer noch auf dem keltischen Pflaster begangen worden und damit der älteste künstlich hergestellte und noch benutzte Weg in Bayern, wahrscheinlich sogar in Deutschland! Etwa auf Höhe des Scheffel-Denkmals weicht er vom heutigen Fußweg ab und verläuft knapp nördlich davon auf einem rund 125 m langen, künstlichen Damm, bis er den höher gelegenen Teil des unteren Plateaus erreicht. Es ist davon auszugehen, dass solche befestigten Wege auch an anderen Stellen des Oppidums vorhanden waren. Bei der Ausgrabung konnten auf einem fein geschotterten Wegstück, das vom Westtor nach Süden führte, auch Radspuren festgestellt werden. Und sogar Reste der Wagen haben sich erhalten: Beispielsweise ein eiserner Achsnagel mit halbmondförmigem Kopf, der – durch die Achse gesteckt – verhindern sollte, dass sich das Rad löst **(Abb. 92)**, oder mehrere ringförmige Bänder zur Verstärkung der Holznabe sowie etliche Ziernägel, Stecker und Stifte, die auch leicht einmal verloren gingen.

Glaubensfragen

Bei einer Rettungsgrabung, die 1985 den Bau einer neuen Wasserleitung begleitete, wurde eine „Grube" angeschnitten, die sich als sehr fundreich erwies. Da es sich um die erste nennenswerte Siedlungsstruktur auf dem unteren Plateau zu handeln schien, wurde sie zwei Jahre später noch einmal gezielt angegangen. Allerdings konnte trotz Erweiterung der Grabungsfläche auf über 10 m ihre Längenausdehnung auf keiner Seite erfasst werden. Stattdessen zeigte sich eine Struktur von schwankender Breite, unregelmäßigen Umrissen und fleckiger Färbung. Nach dem damaligen Forschungsstand war das kaum zu interpretieren. Erst später waren andernorts eindeutig „kultisch motivierte" Befunde untersucht worden, die ähnliche Merkmale aufwiesen. Man kann die Struktur daher heute verlässlich als Graben **9** ansprechen, dessen Einfüllung sich über einen längeren Zeitraum hingezogen hat. Dabei wurden Lagen mit Brandresten eingebracht **(Abb. 93)**, aber auch unterschiedlichste Opfergaben. Mehrfach handelt es sich dabei um Dinge, die im Oppidum ansonsten nicht oder zumindest nicht in einer vergleichbaren Qualität vorkommen. Zu nennen sind z. B. ein kobaltblaues Glasarmringfragment, streifenbemalte Glanztonkeramik oder auch ein sorgfältig verarbeiteter Eisenschlüssel. Auch die gefundenen Kno-

Abb. 93: Der Graben, der das Gipfelplateau im Osten umgibt, während der Ausgrabung 1987.

chen unterscheiden sich klar vom üblichen Siedlungsabfall. So wurden auffällig oft Unterkiefer von Schafen bzw. Ziegen geborgen, die in der spätkeltischen Ernährung kaum eine Rolle spielen, aber die „beliebtesten" Opfertiere der Antike darstellten. Auch die mehrfach freigelegten Skelettabschnitte von Schweinebeinen in korrekter anatomischer Anordnung zeigen, dass man hier ganze, wertvolle Fleischpartien geopfert hat **(Abb. 94)**. (Übrigens waren auch bei der Ausgrabung des Westtores die Reste eines solchen Schinkens unter einer Steinpflasterung entdeckt worden, wo er zu einer ganzen Reihe von Bauopfern gehörte.) Am bemerkenswertesten ist aber die Kalotte eines menschlichen Schädels **(Abb. 95)**.

Insgesamt zeigen die Funde, dass der Graben eine lange Geschichte hatte, welche zu Beginn des 4. Jhs. v. Chr. einsetzte, ihren Schwerpunkt fraglos zu Zeiten des Oppidums hatte und auch mit diesem kurz nach der Mitte des 1. Jhs. v. Chr. endete. Selbst wenn man die Opfergaben und die lange Dauer beiseite lässt, war die Verfüllung des Grabens ein weitaus komplexerer Vorgang, als er für gewöhnliche Siedlungsbefunde üblich ist. Denn immer wieder wurden nachträgliche Eingrabungen in bereits zugeschüttete Bereiche oder in die Grabenwände vorgenommen und oft überschnitten sie sich sogar. Daher rühren seine unregelmäßigen Umrisse und sein fleckiges Aussehen.

Geomagnetische Prospektionen zeigen, dass der ausgegrabene Abschnitt neben einem Durchlass, einer Grabenunter-

Abb. 94: Zusammengehörige Knochenpartien belegen die Opferung von vollständigen Schweinebeinen im Graben.

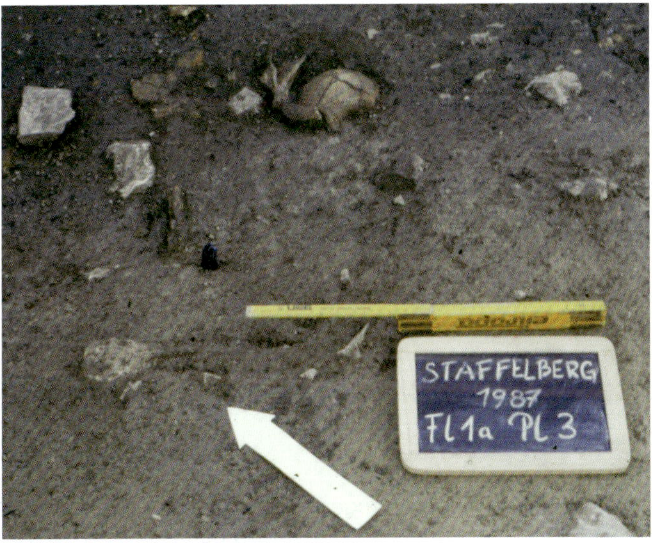

Abb. 95: Eine Schädelkalotte zeigt, dass auch menschliche Reste eine Bedeutung bei den Kulthandlungen am Graben hatten.

brechung, lag. Der Graben umspannte das Gipfelplateau 1 auf der Ostseite bogenförmig und erstreckte sich mindestens vom „Himmelsteich" 6 im Süden bis zur einziehenden Randbefestigung im Norden. Da er in den anschließenden bewaldeten Bereichen bislang nicht verfolgt werden konnte, muss offen bleiben, ob er um den Gipfel zog oder an diesen anband. Hingegen lässt sich sein schon bei der Ausgrabung festgestellter sehr unregelmäßiger Umriss deutlich nachzeichnen. Die kultische Nutzung eines Grabens, der einen Teil eines Oppidums abtrennt, ist kein Einzelfall. Auf dem Titelberg in Luxemburg beispielsweise grenzte ein 4,5 m breiter und 2,5 m tiefer Graben eine 10 ha große Freifläche im Oppidum ab, welche vermutlich für Versammlungen genutzt worden ist. Er war verfüllt mit unzähligen Tierknochen und Tonnen von Gefäßkeramik, aber auch mit etlichen Menschenschädeln, Waffen und Miniaturwaffen, mehreren Hundert Münzen und Fibeln sowie anderen Gerätschaften. Auch im Graben auf dem Staffelberg fanden sich mehrere Geräte und Werkzeuge wie z. B. eine große Axt, ein Zimmermannswendhaken, eine Brechstange und eine Hacke **(Abb. 96)**. Alles Werkzeuge, die beim Bau der Wehrmauer Verwendung gefunden haben könnten. Der Gedanke ist also verlockend, dass die neu angekommenen Siedler den noch sichtbaren frühlatènezeitlichen Graben als eine Art Gründungsheiligtum des Oppidums genutzt und so bewusst an die alte Siedlungstradition angeknüpft haben könnten!

Abb. 96: Hacke und Brechstange sind Werkzeuge, die auch beim Bau der Oppidumsbefestigung zum Einsatz gekommen sein dürften.

Exkurs: Keltische Heiligtümer

Ausgehend von der Überlieferung griechischer und römischer Autoren glaubte man lange, dass die Kelten ihre Religion ausschließlich an numinosen Orten, fernab der Siedlungen ausgeübt hätten. Später nahm man an, dass ihnen dazu die sogenannten spätkeltischen Viereckschanzen als Kultplätze gedient haben. Seit wenigen Jahrzehnten sind diese aber durch die moderne archäologische Forschung als spezifische Siedlungsform einer bestimmten Gesellschaftsschicht entlarvt, während sie im Gegenzug echte Heiligtümer und Tempel entdecken und untersuchen konnte. Zwar mag es auch in der keltischen Spätzeit die Verehrung bestimmter Gottheiten und ihrer Erscheinungsformen an naturheiligen Plätzen, wie etwa Quellen, Flüssen, Höhlen oder Felsen, noch gegeben haben, aber seit dem 3. Jh. v. Chr. lassen sich archäologisch vor allem architektonisch gestaltete Kultstätten belegen. Dabei können sowohl in der Gestaltung als auch in der Kultausübung durchaus recht unterschiedliche Formen nachgewiesen werden. Das Spektrum reicht von einfach abgegrenzten Plätzen mit den in Gruben hinterlassenen Resten ritueller Handlungen, über komplex zusammengesetzte Areale, an denen befremdliche Totenrituale praktiziert wurden, bis hin zu regelrechten Tempelbauten und -bezirken, die innerhalb der Siedlungen lagen. Fast allen sind ein Abweichen von den üblichen Bauformen und eine außergewöhnliche Zusammensetzung des Fundspektrums gemeinsam. Aber obwohl in einzelnen Fällen sogar Kultbilder überliefert sind, kann keines der Heiligtümer einer bestimmten Gottheit sicher zugewiesen werden. Selbst die dort durchgeführten Kulthandlungen lassen sich bestenfalls in Ausschnitten rekonstruieren und nur selten mit historischen Nachrichten in Einklang bringen. Zumindest kann inzwischen aber relativ sicher angenommen werden, dass zu einem Oppidum auch ein – oder sogar mehrere – ritueller Bezirk für die Religionsausübung der Bevölkerung gehörte.

Abb. 97: Die Wanderung der Kimbern, Ambronen und Teutonen.

Das Ende der Stadt

Die Spätphase des Keltentums auf dem europäischen Festland ist durch verschiedenartige Krisen gekennzeichnet. Sie endet mit dem Erlöschen seiner politischen, wirtschaftlichen und kulturellen Selbstständigkeit. Dieser Zeitabschnitt zwischen etwa 115 und 15 v. Chr. ist uns nicht nur durch die archäologische Forschung bekannt, sondern lässt sich durch schriftliche Quellen näher betrachten.

Um 120 v. Chr. verließen die germanischen Kimbern und Ambronen ihre Heimat auf der jütischen Halbinsel und begaben sich auf eine Wanderung, die in Böhmen ein erstes Mal durch keltisches Gebiet führte (**Abb. 97**). Anders als erwartet, zogen sie aber nach ihrem Sieg über ein römisches Heer von den Ostalpen nicht nach Italien weiter. Vielmehr wählten sie den Weg über Süddeutschland nach Gallien. Bevor sie das Land dort durch fortgesetzte Raubzüge ins Chaos stürzten, haben sie schon vorher ganze keltische Stammesaufgebote mitgerissen. So beispielsweise die in Süddeutschland ansässigen Teutonen und Tiguriner, beides Teilstämme der Helvetier. In den betroffenen Keltengebieten wurden damals viele Siedlungen entweder mit einer Wehranlage versehen oder mit massiven Befestigungsanlagen neu gegründet. Erst in den Jahren 102 und 101 v. Chr. gelang es den Römern, sie beim Versuch, von der Provence aus nach Italien vorzudringen, vernichtend zu schlagen.

Eine Generation später versetzte der gewaltsame Landnahmeversuch von rund 120 000 Sueben Gallien erneut in Aufruhr. Im Jahr 72 v. Chr. war ein größeres Aufgebot dieser germanischen Krieger von den Sequanern als Söldner angeworben worden. Anstatt jedoch nach getanen Diensten den Kriegschauplatz wieder zu verlassen, machte sich ihr Anführer Ariovist selbstständig und holte unbeirrt neue Siedler aus Germanien ins Land. Zuvor müssen die Sueben aber durch Süddeutschland gezogen sein und brachten dort Unruhe. Das Wirtschaftsleben war dadurch soweit beeinträchtigt, dass kaum noch Fernhandelsgüter aus Italien angelangten. Vielleicht führte es auch zur weiteren Abwanderung der Helvetier, die zu Caesars Zeiten bereits in der Schweiz ansässig waren. Und vielleicht trifft dies auch auf die rund 32 000 Boier zu, die später mit ihnen versuchten, nach Gallien überzusiedeln. Erst das Eingreifen Caesars mit seinen Legionen gebot der germanischen Invasion Einhalt, versprengte aber gleichzeitig Teile des geschlagenen Heeres zurück nach Süddeutschland.

Der zwischen 58 und 50 v. Chr. ausgefochtene Gallische Krieg, der bekanntermaßen mit der Eroberung und Ausplünderung Galliens durch die Römer endete, führte schließlich in Süddeutschland zum Zusammenbruch des Fernhandels. Mit der Wirtschaft ging auch das Gesellschaftssystem unter, sodass bald alle größeren Siedlungen und Oppida aufgegeben und verlassen wurden.

Als Drusus und Tiberius den Alpenfeldzug im Jahre 15. v. Chr. mit der Besetzung des Voralpenlandes abschlossen, trafen sie auf eine überwiegend landwirtschaftlich ausgerichtete Bevölkerung. Ähnliches müssen kurze Zeit zuvor auch die germanischen Neusiedler in Ober- und Unterfranken vorgefunden haben. Archäologisch sind diese spätesten Kelten kaum noch zu fassen.

Abb. 98: Bruchstücke von eisernen Fibeln aus der Gründungs- und Frühphase des Oppidums (ca. 160/150–130/120 v. Chr.). Kennzeichnend ist der zurückgebogene und am Bügel verklammerte Fuß.

Fibeln waren von der Mode beeinflusst und dadurch fortwährend der Veränderung ihrer Form unterworfen. Das macht sie in der Archäologie zu wichtigen chronologischen Anzeigern, gewissermaßen zu Leitfossilien. Nach ihrer Aussage wurde die Siedlung auf dem Staffelberg einige Jahrzehnte vor dem Zug der Kimbern gegründet Die Errichtung der Befestigung und damit der Ausbau zum Oppidum erfolgten etwa als sie um 110 v. Chr. Süddeutschland erreichten. Seine Blütezeit fiel damit fast vollständig in die beschriebene Krisenzeit hinein. Noch wissen wir nicht genug über die Geschichte der Siedlung und darüber, wie sie in die Geschehnisse eingebunden war. Aber die Funde, die einerseits ein blühendes Handwerk und eine wohlhabende Oberschicht belegen, deuten andererseits an, dass der Fernhandel nicht so intensiv betrieben wur-

Abb. 99: Typische Fibeln der Blütezeit des Oppidums (ca. 130/120–50/40 v. Chr.). Meist sind die zierlichen Füße beschädigt, an denen die Nadeln einrasteten – daher gingen sie auch verloren (oben Eisen, sonst Bronze).

Abb. 100: Eiserne Fibeln aus der Spätphase des Oppidums (ca. 50/40 v. Chr. und etwas jünger). Die beiden rechten Fibeln sind sehr stark beschädigt und einmal sogar absichtlich zu einem Ring gerollt.

Abb. 101: Am Ende ging das Oppidum in Flammen auf.

de wie in anderen Oppida. Größere unbebaute Flächen könnten außerdem so gedeutet werden, dass die Siedlung ihren Höhepunkt noch nicht erreicht hatte, als sie ihr Ende fand. Dieses war um 40/30 v. Chr. gekommen. Bemerkenswert ist, dass die Befestigungswerke des Staffelberg-Oppidums länger genutzt wurden als anderswo. Auch wurden am Grabenheiligtum (9) bis zuletzt rituelle Handlungen vorgenommen. Während rundherum also alles zusammenbrach, scheint trotz der Nähe zu den germanischen Siedlungsräumen auf dem Staffelberg bis zuletzt das Leben weiter gegangen zu sein. Vielleicht waren gerade die mangelhafte Einbindung in das Fernhandelsnetz oder eine andere, uns unbekannte wirtschaftliche Schwerpunktsetzung dafür verantwortlich. Denn entscheidender Grund für die Aufgabe der Oppida scheint eine einfache Kosten-Nutzen-Rechnung des Adels gewesen zu sein. Nach dem Zusammenbruch des Handelsnetzwerkes waren keine Profite mehr zu erzielen, die die Last von Organisation und Verwaltung hätten ausgleichen können. Also verließ man die Siedlungen einfach und ohne zentrale Führung konnten sie auf Dauer nicht weiter bestehen. Die symbolträchtigen Tore des Oppidums ((15), (17)) wurden zwar durch Feuer zerstört (**Abb. 101**), aber es gibt keine Hinweise darauf, dass dies mit einer militärischen Auseinandersetzung in Verbindung zu bringen wäre. Vielmehr spricht alles für eine planmäßige Räumung, die auch mit rituellen Akten verbunden gewesen sein muss. Ob die Tore dann von den letzten Bewohnern selbst angesteckt worden sind, ähnlich wie Caesar es vom Auszug der Helvetier berichtet, oder später von Metallplünderern, die nachweislich am Werk waren, muss offen bleiben.

AUSBLICK

Im Stadtgebiet von Bad Staffelstein gab es zwei frühgermanische Siedlungen, die kurze Zeit nach dem Ende des Oppidums entstanden sind. Sie waren aber nur kurzlebig und bewirkten noch keine „Germanisierung" der Region. Neue germanische Siedler kamen erst wieder im Verlauf des 4. Jhs. n. Chr. und errichteten auf dem Gipfelplateau des Staffelbergs erneut eine burgartige Anlage. Nur geringe Reste ihrer Ringmauer aus großformatigen Kalksteinplatten haben sich erhalten. Die Funde zeigen jedoch, dass ihr zeitlicher Schwerpunk sogar erst im darauffolgenden Jahrhundert lag und dass es sich bei den neuen Bewohnern um Germanen vom Stamm der Thüringer gehandelt haben dürfte. Auch ein Flurname am Fuß des Staffelbergs scheint das zu bestätigen. Die Funde sind zwar nicht so zahlreich wie an anderen Plätzen dieser Zeit. Sie reichen jedoch aus, um den gehobenen Lebensstil einer adeligen Sippe in den verschiedenen Facetten ihrer Bewaffnung, Tracht und Trinksitten widerzuspiegeln. Vielleicht war der Staffelberg damals erneut ein regionaler Herrschaftsmittelpunkt. Aber wohl noch im 5. Jh. dürfte die Burg wieder aufgegeben worden sein. Damit endet die lange Besiedlungsgeschichte des Staffelbergs. Funde aus jüngeren Perioden können keine echte Besiedlung, sondern nur mehr ein gelegentliches Aufsuchen des Berges anzeigen.

ANHANG

Quellenverzeichnis

Bayerisches Landesamt für Denkmalpflege, Ortsakten Bodendenkmäler.

B.-U. Abels, Neue Ausgrabungen auf dem Staffelberg. Jahresbericht der Bayerischen Bodendenkmalpflege 21, 1980, 62–77.

B.-U. Abels, Ausgrabungen und Rekonstruktion der spätlatènezeitlichen Befestigungsmauer auf dem Staffelberg. Das archäologische Jahr in Bayern 1983, 83–85.

B.-U. Abels, Ausgrabungen und Funde in Oberfranken 3, 1981–1982. Geschichte am Obermain. Jahrbuch Colloquium Historicum Wirsbergense 14, 1983/84 Sonderteil 25–27 s. v. Staffelberg.

B.-U. Abels, Eine Siedlungsgrabung auf dem Staffelberg-Hochplateau. Das archäologische Jahr in Bayern 1984, 73–75.

B.-U. Abels, Ausgrabungen und Funde in Oberfranken 4, 1983–1984. Geschichte am Obermain. Jahrbuch Colloquium Historicum Wirsbergense 15, 1985/86 Sonderteil 26–28 s. v. Staffelberg (Ausgrabung).

B.-U. Abels, Archäologischer Führer Oberfranken. Mit einem Beitrag von W. Schirmer. Führer zu archäologischen Denkmälern in Bayern 2 (Stuttgart 1986).

B.-U. Abels, Neue Ausgrabungen im Befestigungsbereich des Staffelberges. Bericht der Bayerischen Bodendenkmalpflege 28/29, 1987/88, 143–180.

B.-U. Abels, Zu Menosgada am Main. In: G. Dippold (Hrsg.), Der Staffelberg I. Colloquium Historicum Wirsbergense (Lichtenfels/Bamberg 1992) 31–54.

B.-U. Abels, Der Staffelberg. Die Geschichte einer befestigten Höhensiedlung. In: H. Dannheimer/R. Gebhard (Hrsg.), Das keltische Jahrtausend. Ausstellungskatatlog Prähistorische Staatssammlung 23 (Mainz 1993) 94–101.

B.-U. Abels, Die keltische Besiedlung des Staffelberges. In: A. Waschka (Red.), Entdeckungen rund um den Staffelberg (Bamberg 2015) 49–61.

B.-U. Abels/J. Haberstroh, Ausgrabungen und Funde in Oberfranken 11, 1997–1998. Geschichte am Obermain. Jahrbuch Colloquium Historicum Wirsbergense 22, 1999/2000, Sonderteil.

B.-U. Abels, W. Sage, C. Züchner, Oberfranken in vor- und frühgeschichtlicher Zeit (Bamberg 1996²).

J. Böhm, F. Klein, S. Mailänder, Ein keltischer Weg? Zu den Grabungen im Wohnbaugebiet „Baumgarten" in Langenenslingen. Archäologische Ausgrabungen in Baden-Württemberg 2011, 122–125.

J.-L. Brunaux, S. Fichtl, C. Marchand, Die Ausgrabungen am Haupttor des „Camp César" bei Chaussée-Tirancourt (Dépt. Somme, Frankreich). Saalburg-Jahrbuch 45, 1990, 5–23.

C. Brunetti, Le rempart à poteaux obliques d'Yverdon-les-Bains (canton de Vaud, Suisse). In: S. Fichtl (Dir.), Murus celticus. Architecture et functions des remparts de l'âge du fer. Collection Bibracte 19 (Glux-en-Glenne 2010) 187–193.

C. J. Caesar, Commentarii rerum gestarum bellum gallicum (M. Deissmann [Übers. u. Hrsg.], Der Gallische Krieg, [Stuttgart 1985]).

S. Demetz, Almgren Gruppe IV, Fig. 65–67: Zum Beginn der kräftig profilierten Fibeln. In: J. Kunow (Hrsg.), 100 Jahre Fibelformen nach Oskar Almgren. Internationale Arbeitstagung 25.–28. Mai 1997, Kleinmachnow, Land Brandenburg. Forsch. Arch. Land Brandenburg (Wünsdorf 1998) 137–148.

S. Demetz, Fibeln der Spätlatène- und frühen römischen Kaiserzeit in den Alpenländern. Frühgeschichtliche und Provinzialrömische Archäologische Materialien und Forschungen 4 (Rahden/Westf. 1999).

G. Dippold, Gustav Roßbach – ein Lebensbild. In: G. Dippold (Hrsg.), Gustav Roßbach, seine Sammlung und die Vorgeschichte am Obermain. Kleine CHW-Schriften 1 (Lichtenfels 2003) 7–15.

J. Ehrle u. a., Feuergruben und Wegebau – neue Siedlungsstrukturen auf der ur- und frühgeschichtlichen Siedlungsterrasse bei Anselfingen. Archäologische Ausgrabungen in Baden-Württemberg 2013, 127–131.

W. Ender, Eine Siedlungsgrube der Spätlatènezeit vom Staffelberg. Das archäologische Jahr in Bayern 1987, 86–88.

D. van Endert, Das Osttor des Oppidums von Manching. Die Ausgrabungen in Manching 10 (Stuttgart 1987).

J.W.E. Fassbinder, F. Becker, S. Abandowitz, Vom Datenpuzzle zum Gesamtbild: das latènezeitliche Oppidum Menosgada auf dem Staffelberg. Stadt Bad Staffelstein, Landkreis Lichtenfels, Oberfranken, Das archäologische Jahr in Bayern 2017, 168–171.

J.W.E. Fassbinder, F. Becker, S. Abandowitz, Aerial archaeology, airborne Laser scan and magnetomer prospection at the Iron Age Oppidum "Menosgada", Bavaria, Germany, Virtual Archaeology 3, 65–68.

S. Fichtl in S. Sievers, O. H. Urban, P. C. Ramsl (Hrsg.), Lexikon zur keltischen Archäologie. Mitteilungen der Prähistorischen Kommission 73 (Wien 2012) s. v. Oppidum.

R. Gebhard, Der Glasschmuck aus dem Oppidum von Manching. Die Ausgrabungen in Manching 11 (Stuttgart 1989).

R. Gebhard, Die Fibeln aus dem Oppidum von Manching. Die Ausgrabungen in Manching 14 (Stuttgart 1991).

J. Haberstroh, Germanische Funde der Kaiser- und Völkerwanderungszeit aus Oberfranken. Materialhefte zur Bayerischen Vorgeschichte A82 (Kallmünz/Oberpf. 2000).

P. Härtl, Zur besonderen Bedeutung und Behandlung des menschlichen Kopfes innerhalb der Latènekultur Mittel- und Westeuropas. Universitätsforschungen zur Prähistorischen Archäologie 122 (Bonn 2005).

G. Kaenel/Ph. Curdy, Le rempart du Mont Vully (canton de Fribourg, Suisse). In: S. Fichtl (Dir.), Murus celticus. Architecture et functions des remparts de l'âge du fer. Collection Bibracte 19 (Glux-en-Glenne 2010) 195–200.

A. Kleinberg u. a., Germania und die Insel Thule. Die Entschlüsselung von Ptolemaios' „Atlas der Oikumene" (Darmstadt 2010).

U. Osterhaus/B.-U. Abels, oppidum Menosgada – Staffelberg. Keltischer Mittelpunkt am Obermain. Gewinne und Verluste. Ausgrabungsnotizen aus Bayern 1975/1 (o. O. 1975).

K. Radunz, Die Besiedlung des Staffelbergs zur Latènezeit. Geschichte am Obermain 2, 1964/65, 18–26.

K. Radunz, Der Staffelberg, eine antike Befestigung am Obermain. Heimatbeilage zum Amtlichen Schulanzeiger des Regierungsbezirks Oberfranken 36 (Bayreuth 1971).

P. Reinecke, Der Ringwall Staffelberg bei Staffelstein. Archiv für Geschichte und Altertumskunde von Oberfranken 36/1 (Bayreuth 1952).

P. Reinecke, Spätkeltische Oppida im rechtsrheinischen Bayern. Bayerischer Vorgeschichtsfreund 9, 1930, 29–52, bes. 50 f. m. Taf. 3.

P. Reinecke, Die örtliche Bestimmung der antiken geographischen Namen für das rechtsrheinische Bayern. Bayerischer Vorgeschichtsfreund 4, 1924, 17–48, bes. 36.

K. Schwarz, Die vor- und frühgeschichtlichen Geländedenkmäler Oberfrankens. Materialhefte zur Bayerischen Vorgeschichte 5 (Kallmünz/Opf. 1955) 162–164 m. Planbeilage 1.

K. Schwarz, Zum latènezeitlichen Oppidum auf dem Staffelberg. Germania 41, 1963, 108–114.

W. Schirmer, Gesteine und Landschaft im Staffelberg-Umland. In: A. Waschka (Red.), Entdeckungen rund um den Staffelberg. Bad Staffelsteiner Schriften 23 (Bamberg 2015) 7–25.

M. Schußmann, Holzbrücke und Steinstraße – Archäologische Befunde zum späthallstatt-/frühlatènezeitlichen Wegebau auf der Südlichen Frankenalb. In: C. Tappert u. a. (Hrsg.), Wege und Transport. Beiträge zur Sitzung der AG Eisenzeit während der 80. Verbandstagung des West- und Süddeutschen Verbandes für Altertumsforschung e. V. in Nürnberg 2010. Beitr. Ur- u. Frühgeschichte Mitteleuropa 69 (Langenweißbach 2012) 41–47.

M. Schußmann, „Macht hoch die Tür...“ – Ein Zangentor des Oppidums auf dem Staffelberg. Das archäologische Jahr in Bayern 2018, 73–76.

M. Schußmann, Zum Abschluss der Ausgrabungen eines spätlatènezeitlichen Zangentores auf dem Staffelberg. Das archäologische Jahr in Bayern 2019, 71–74.

M. Schußmann, Macht hoch die Tür, die Tor macht weit! Ausgrabung und Rekonstruktion eines spätkeltischen Zangentores auf dem Staffelberg. Bayerische Archäologie 2019/4, 4–9.

M. Schußmann, Die Kelten in Bayern. Archäologie und Geschichte (Regensburg 2020[2]).

M. Schußmann, Auf dem Staffelberg – ein Tor zu den Kelten. Archäologie in Deutschland 2020/4, 8–13.

M. Schußmann, Das Westtor und die Befestigungsanlagen des spätlatènezeitlichen Oppidums auf dem Staffelberg, Oberfranken (in Vorbereitung).

K. Teichmann, Prähistorische Siedlungslandschaften am nördlichen Rand der Fränkischen Alb. Eine GIS-gestützte Untersuchung archäologischer Fundstellen und naturräumlichen Faktoren (unpubl. Magisterschrift Würzburg 2014).

M. Ullrich, Urnenfelderzeitliche Friedhöfe im Obermaingebiet und der Staffelberg – Höhensiedlung und Umland. Bericht der Bayerischen Bodendenkmalpflege 47–48, 2006/2007, 101–123.

Ch. Züchner, Die Sammlung Dr. Gustav Roßbach in der Ur- und Frühgeschichtlichen Sammlung der Universität Erlangen-Nürnberg. In: G. Dippold (Hrsg.), Gustav Roßbach, seine Sammlung und die Vorgeschichte am Obermain. Kleine CHW-Schriften 1 (Lichtenfels 2003) 29–37.

Glossar

Akropolis
(griech. = Oberstadt, Burg) Hochgelegener, geschützter Mittelpunkt zahlreicher antiker Städte.

Ambronen
Germanischer Volksstamm, der vielleicht im Bereich der Nordfriesischen Inseln siedelte. Zusammen mit den Kimbern verließen die Ambronen gegen Ende des 2. Jhs. v. Chr. ihre angestammten Wohnsitze, zogen mit Umwegen nach Gallien und wurden schließlich im Jahr 102 v. Chr. von den Römern vernichtend geschlagen.

Befestigung
Bezeichnung für eine Anlage zum Schutz von Menschen und ihres Eigentums vor äußerer Bedrohung. Dazu zählen – häufig in Kombination – Gräben, Wälle, Palisaden und unterschiedliche Arten von Wehrmauern.

Befund
In der Archäologie werden darunter alle bei einer Ausgrabung zu beobachtenden oder messbaren Fundumstände verstanden, die den Zusammenhang zwischen den Funden und den umgebenden Erdschichten sowie diesen jeweils untereinander anbelangen.

Bodendenkmal
Bezeichnung für ein im Boden (oder auch in einem Gewässer) verborgenes Zeugnis der Kulturgeschichte. Dabei kann es sich um bewegliche oder unbewegliche Sachen handeln, die Zeugnisse, Überreste oder Spuren menschlichen Lebens sind (z. B. Befestigungsanlagen, Siedlungen, Kult- und Bestattungsplätze, Produktionsstätten, Wirtschaftsbetriebe, Verkehrswege usw.).

Boier
Keltische Volksgruppe, die hauptsächlich im Raum Böhmen ansässig war und anlässlich ihrer Einwanderung nach Oberitalien erstmals im 4. Jh. v. Chr. in Erscheinung trat. Ende des 2. Jhs. v. Chr. wird ihr dortiges Siedlungsgebiet von Rom annektiert, worauf eine größere Gruppe über die Alpen zurückkehrt. Im Verlauf des 1. Jhs. v. Chr. verlassen sie unter germanischen Druck Böhmen teilweise wieder und verstreuen sich im Gebiet der unteren Donau sowie in Gallien.

Brauner Jura s. Dogger

Bronze
Sammelbezeichnung für Metalllegierungen (ohne Zink) mit mehr als 60 % Kupfergehalt. Im eigentlichen Sinne handelt es sich um eine Legierung aus Kupfer und Zinn, deren optimales Mischungsverhältnis bei 90 : 10 liegt.

Bronzezeit
Bezeichnung für eine Kulturperiode zwischen dem 3. und dem Beginn des 1. Jahrtausends v. Chr., in der Bronze das hauptsächliche Rohmaterial für Waffen, Werkzeuge und Schmuckgegenstände war.

Chronologie
Lehre von der Zeitrechnung und Altersbestimmung bzw. die Zeitrechnung und Altersbestimmung selbst.

Damast
Auch als Damaszenerstahl bezeichneter Werkstoff, der aus abwechselnden Lagen von Eisen und Stahl zusammengeschweißt ist. In poliertem oder geätztem Zustand lässt er seine oftmals dekorative Lagenstruktur deutlich erkennen.

Denar
Im Jahr 211 v. Chr. eingeführte wichtigste römische Silbermünze im Wert von zunächst 10, später 16 Assen.

Depot
Auch als Hort-, Verwahr- oder Schatzfund bezeichneter Sammelfund von gleichartigen oder unterschiedlichen Gegenständen. Das Phänomen ist zwischen der Jungsteinzeit und dem Mittelalter bekannt, jedoch nur schwierig und sicherlich nicht einheitlich zu interpretieren.

Dogger
Wie Brauner Jura ein inzwischen veralteter Begriff für den Mitteljura, der die mittlere Abfolge von Schichten des Jura in der Erdgeschichte einnimmt. Er besteht überwiegend aus eisenreichen Sandsteinen, Tonen, Mergeln und Kalken, die bräunlich verwittern und im Zeitraum vor etwa 175 bis 161 Millionen Jahren abgelagert wurden.

Drachme
Bezeichnung einer antiken griechischen Gewichts- und Rechnungseinheit sowie besonders für Silber-, seltener für Goldmünzen. Unter den Römern wurde eine Drachme einem Denar gleichgesetzt.

Druiden
Keltische Priesterklasse in Gallien und auf den Britischen Inseln, von wo auch ihre Lehre stammen soll. Obwohl sie diese nicht schriftlich aufzeichneten, bestimmten sie zusammen mit den Barden und Vaten das kulturelle Leben der Kelten. Ihre Ausbildung, die jedem Sohn einer adligen Familie offen stand, dauerte bis zu 20 Jahre. Ihre Hauptaufgabe bestand in der Pflege der Religion und des Opfers. Aber sie übten auch richterliche Funktionen aus und befassten sich u. a. mit Medizin, Philosophie, Astronomie und Traumdeutung. Dabei verlieh ihnen ihre hohe Sozialstellung auch Einfluss auf politische Entscheidungen.

Eisenzeit
Bezeichnung für eine Kulturperiode zwischen dem 8. und 1. Jh. v. Chr., in der das Eisen der vorwiegende Rohstoff für Waffen und Werkzeuge war.

Fachwerk
Der Begriff bedeutet eigentlich eine in Felder geteilte Fläche und bezeichnet die Bauweise, bei der die Wände aus einem Balkenskelett bestehen, während die Zwischenräume (=Gefache) durch Mauerwerk aus Steinen, Rutenflechtwerk o. Ä. ausgefüllt sind.

Fibel
Bezeichnung für eine meist auch als Schmuck dienende Nadelkonstruktion aus Metall (Gold, Silber, Bronze, Eisen), die zum Zusammenheften und Verschließen der Kleidung benutzt wurde. Die verschiedenen Fibeltypen sind oft nach einem Formmerkmal, nach ihrem Verbreitungsgebiet oder einem Fundort benannt.

Fürstensitz
In der Eisenzeitforschung wird der Begriff traditionell auf befestigte Siedlungen angewendet, die durch weitere Kriterien (z. B. Prunkgräber, Importfunde etc.) eine besondere Stellung des Platzes erkennen lassen. In der neueren Forschung versucht man die Bezeichnung zunehmend durch „komplexer Zentralort" zu ersetzen und mit der Betonung der Siedlungsfunktionen neutraler zu fassen.

Galater
Keltischer Stammesverband, bestehend aus den Tolistoagiern, Tolistobogiern, Tektosagen und Trokmern, der 278 v. Chr. in Kleinasien einfiel, sich in Zentralanatolien ansiedelte und seither als Galater bezeichnet wird.

Gallien
Seit Caesar Bezeichnung für das Land zwischen Rhein, Alpen und Pyrenäen, Atlantik und Mittelmeer. Neben keltischen Völkern wurde es im Nordosten von den Belgern und im Südwesten von den Aquitaniern bewohnt.

Gallischer Krieg
Bezeichnung für die militärische Eroberung Galliens durch Caesar in den Jahren 58 bis 51 v. Chr. Den Verlauf des Geschehens hat er in seinen Bericht „Kommentare zum Gallischen Krieg" geschildert, der trotz der subjektiven Färbung eine der wichtigsten Schriftquellen für die spätkeltische Zeit darstellt.

Gemme
Bezeichnung für einen Schmuck- oder Glasstein mit vertieftem Relief.

Generation
Zählweise, die sich nach dem durchschnittlichen Abstand bis zur Geburt der nächsten Generation richtet. Obwohl diese Abstände im Verlauf der Zeit teilweise stark schwanken, werden heute 25 Jahre für eine „Generation" angesetzt.

Glanzton
Glänzender Überzug auf Tongefäßen, der durch den Auftrag einer besonders fein geschlämmten, dünnflüssigen und häufig auch farblich unterschiedlichen Tonmasse erzeugt wird.

Großsiedlung
In der Archäologie die Bezeichnung für eine Siedlung mit ausgedehnter Fläche und dichter Bebauung, die urbane Züge aufweist und in verschiedener Hinsicht als Zentralort fungiert haben kann.

Grubenhaus
Bezeichnung für ein Gebäude, das ganz oder teilweise in den Boden eingetieft ist. Archäologisch ist es durch tendenziell rechteckige, größere Bodenverfärbungen in Verbindung mit Pfostengruben nachzuweisen.

Häduer
Keltischer Volksstamm im Gebiet zwischen Saône und Loire mit Hauptort Bibracte.

Hallstattkultur
Die nach dem Gräberfeld von Hallstatt im Salzkammergut benannte Kultur der älteren Eisenzeit (ca. 800 bis 480/450 v. Chr.) in Mitteleuropa. Sie geht aus der Urnenfelderkultur hervor und wird von der Latènekultur abgelöst.

Hellenismus
Bezeichnung für eine von der griechischen Kultur geprägte Epoche der politischen Geschichte und Kulturgeschichte. Als zeitliche Grenzen werden üblicherweise der Tod Alexanders d. Großen 323 v. Chr. und das Ende des letzten selbstständigen hellenistischen Staates in Ägypten 30 v. Chr. gesetzt.

Helvetier
Keltischer Volksstamm, der zunächst in Süddeutschland und später im Schweizer Mittelland ansässig war. Ihnen werden die Verbigener, Tougener, Tiguriner und Teutonen (auch Toutonen) als Teilstämme zugerechnet.

Höhensiedlung
Vorgeschichtlicher Siedlungstyp, der sich durch einen merklichen Höhenunterschied von seiner Umgebung absetzt und durch mehr

oder minder steile Hänge einigermaßen natürlich geschützt ist. Häufig erhöhen künstliche Befestigungswerke diese Schutzwirkung zusätzlich.

Jungsteinzeit
Auch als Neolithikum bezeichnete jüngste Hauptperiode der Steinzeit, die durch Sesshaftigkeit und eine landwirtschaftlich produzierende Lebensweise mit der Kultivierung von Pflanzen und Domestikation von Tieren gekennzeichnet ist. Auf dem technischen Sektor sind insbesondere die Herstellung von Keramik und geschliffenen Steingeräten hervorzuheben. In Mitteleuropa nimmt sie den Zeitraum von etwa 5700 bis 2200 v. Chr. ein.

Kalotte
Auch als Schädelkalotte oder Schädeldecke bezeichnetes knöchernes Dach des Schädels.

Keltenwanderung
Im frühen 4. Jh. v. Chr. einsetzende großräumige Wanderung keltischer Stämme aus West- und Mitteleuropa nach Italien und später, im 3. Jh. v. Chr., auf die Balkanhalbinsel und nach Kleinasien. Beutezüge und die Gewinnung neuen Siedlungslandes waren ihre Hauptmotive.

Kimbern
Germanischer Volksstamm in Nordwestjütland, der gegen Ende des 2. Jhs. v. Chr. seine Heimat verließ, mit mehreren Umwegen nach Gallien zog und schließlich im Jahr 101 v. Chr. beim Versuch nach Italien einzufallen durch die Römer bei Vercellae (Vercelli) vernichtend geschlagen wurde.

Kleinasien
Halbinsel zwischen Schwarzem Meer und östlichem Mittelmeer, also eigentlich der westliche Teil des heutigen Anatolien.

Klimasturz
Bezeichnung für eine schnell eintretende Verschlechterung der klimatischen Verhältnisse, die sich im Absinken der Durchschnittstemperaturen und der Zunahme der Niederschlagsmenge äußert. Auf vorgeschichtliche Gesellschaften wirkten sich die daraus resultierenden Ernteausfälle und die Auslaugung der Böden am folgenreichsten aus.

Kreisauge
Ornament bestehend aus einem zentralen, deutlich sichtbaren Punkt in einem konzentrischen Kreis. Im Kunsthandwerk werden Kreisaugen in der Regel mittels eines Zentrumsbohrers hergestellt.

Kulturschicht
In der Archäologie gebräuchliche Bezeichnung für die Bodenablagerungen, in denen Hinterlassenschaften des Menschen angetroffen werden bzw. die durch solche entstanden sind.

Latènekultur
Die nach einem ergiebigen Fundplatz am Neuenburger See in der Schweiz benannte Kultur der jüngeren Eisenzeit (ca. 480/450 bis 15 v. Chr.). Sie geht aus der Hallstattkultur hervor und wird gemeinhin mit den Kelten in Verbindung gebracht.

Linearbandkeramische Kultur
Nach der bänderartigen Verzierung ihrer rundbodigen Tongefäße benannte Kultur, die vornehmlich auf den Lößflächen zwischen dem Pariser Becken und der ungarischen Tiefebene verbreitet ist. Sie erstreckte sich zeitlich zwischen 5700 und 4900 v. Chr. und ist damit die erste Kultur der Jungsteinzeit in Mitteleuropa.

Magnetogramm
Visuelle Darstellung der Messergebnisse einer Magnetometerprospektion.

Malm
Wie Weißer Jura ein inzwischen veralteter Begriff für den Oberen Jura, der die oberste Schichtenfolge des Jura in der Erdgeschichte meint und in Süddeutschland hauptsächlich aus hellen Kalken und Kalkmergeln besteht. Er entspricht dem Zeitraum vor etwa 163,5 bis 145 Millionen Jahren.

Mesopotamien
Auch als „Zweistromland" bezeichnete Landschaft in Vorderasien, die sich im heutigen Irak und in Syrien zwischen den Flüssen Euphrat und Tigris erstreckt.

Michelsberger Kultur
Jungsteinzeitliche Kulturgruppe aus der Zeit um 4000 v. Chr., die nach einer befestigten Höhensiedlung in der Nahe von Bruchsal benannt ist und v. a. im westlichen Mitteleuropa mit Ausläufern bis nach Böhmen verbreitet war.

Numen
Eigentlich der durch Kopfnicken angedeutete Wille, besonders einer Gottheit. Im übertragenen Sinne wird auch das göttliche Wesen selbst oder seine Anwesenheit damit bezeichnet.

Oberflächenaufsammlung
Auch als „Begehung" bezeichnete Prospektionsmethode, bei der ohne Bodeneingriffe Funde von der Oberfläche oder aus dem Ackerhorizont aufgesammelt werden. Ziel ist es, entweder Fundplätze auf-

zufinden und ihre Ausdehnung einzugrenzen oder aus den Funden Rückschlüsse u. a. auf die Art und Chronologie der Fundstelle zu ziehen.

Obol(os)
Antike griechische Münzeinheit aus Gold, Silber oder Bronze. In der Forschung wird die Bezeichnung mitunter auch für die kleinsten keltischen Silbermünzen verwendet (sogenannte Kleinsilbermünzen).

Oolithton
Bezeichnung für eine aus Tonen und Tonsteinen gebildete Schicht, die im obersten Bereich des Braunen Jura angesiedelt ist. Sie wurde im Zeitraum vor etwa 166,1 und 163,5 Millionen Jahren gebildet.

Oppidum
Ursprünglich lat. Bezeichnung einer stadtähnlichen Siedlung in Italien. Seit Caesar auch auf große keltische Stadtanlagen des 2. und 1. Jhs. v. Chr. verwendet, die zwischen Frankreich und dem Karpatenbecken verbreitet sind. Sie ähneln sich in ihrer Befestigung, Innenbebauung und Funktion und fungierten teilweise als Zentren keltischer Volksstämme.

Pfostenständer
Im Fachwerkbau auch als Ständer, Säule oder Stempel bezeichneter, senkrecht stehender Balken, der der Aussteifung oder Lastaufnahme dient. Im Gegensatz zum eigentlichen, eingegrabenen Pfosten ruht er in der Regel auf einer Holzschwelle, einem Steinfundament oder Sockel.

Potin
Eigentlich französische Bezeichnung für Metalllegierungen auf Kupferbasis. In der Archäologie wird damit eine Bronzelegierung mit einem hohen Zinnanteil bezeichnet, die nicht mehr gelblich-rötlich, sondern silbrig glänzt. Während der spätkeltischen Zeit ist Potin in bestimmten Regionen auch eine beliebte Legierung, um Münzen geringeren Wertes daraus zu gießen.

Prospektion
In der Archäologie Bezeichnung für die zerstörungsfreie Erkundung und Erfassung von archäologischen Stätten in einem bestimmten Gebiet.

Provence
Region in Südfrankreich, die zwischen 125 und 118 v. Chr. von Rom erobert und als Provinz Gallia transalpina (= Gallien jenseits der Alpen) eingerichtet wurde. Sie war eine der ersten und am stärksten romanisierten Regionen außerhalb Italiens. Aus der Kurzbezeichnung Provincia leitet sich der heutige Name ab.

Quinar
Seit 211 v. Chr. geprägte römische Silbermünze im Wert von 5, später 8 Assen. Die Bezeichnung wurde in der Forschung für keltische Silbermünzen ähnlicher Größe und vergleichbaren Gewichts übernommen.

Redistributionszentrum
Bezeichnung für einen Ort, an welchem Güter (besonders Rohstoffe und landwirtschaftliche Erzeugnisse) zentral zusammengefasst und anschließend neu aufgeteilt werden. In der archäologischen Forschung werden häufig Abgaben, Tribute oder eine zentrale Lagerung als Gründe für die Zusammenführung angesehen, während die Umverteilung hauptsächlich als Mittel zur Erhaltung politischer Macht und Einflussnahme gilt.

Republikanisches Italien
Bezeichnung für das seit dem 3. Jh. v. Chr. unter römischer Dominanz stehende Italien. Nach dem Bürgerkrieg um die Nachfolge Caesars endet die Republik im Jahr 27 v. Chr. mit dem Sieg von Oktavian (Augustus) und geht in die römische Kaiserzeit über. In der archäologischen Forschung werden aus Italien importierte Funde dieses Zeitabschnitts als „republikanisch" bezeichnet.

Riffdolomit
Bezeichnung für Riffgestein, das durch die Porosität des Korallenkalks und die Instabilität des darin eingeschlossenen Aragonits dolomitisiert wurde, also zu mindestens 90 % aus dem Mineral Dolomit besteht.

Schamott(e)
In der Archäologie Bezeichnung für bereits gebrannten Ton, der zermahlen und abermals einer Tonmasse zugesetzt wurde. Er verbessert die Stabilität beim Formen des Tones und erhöht seine Hitzebeständigkeit.

Schnurkeramische Kultur
Kulturgruppe der ausgehenden Jungsteinzeit (Mitte des 3. Jahrtausends v. Chr.), die nach den Abdrücken von gedrehten Schnüren auf ihren becherförmigen Tongefäßen benannt ist. Sie ist vom Rhein bis zum Bug verbreitet und hauptsächlich aus Grabfunden bekannt.

Schürfgrube
Bezeichnung für eine auch Pinge genannte, mulden- oder trichterförmige Eingrabung, die durch eine primitive Art des oberflächennahen Bergbaus entstand. In vor- und frühgeschichtlicher Zeit wurden auf diese Weise besonders Eisenerze abgebaut, wobei oft auch regelrechte Schürfgrubenfelder entstanden.

Schwammkalk
Aus fossilen Kalkschwämmen aufgebauter Kalk, der in Süddeutschland im Oberen Jura anzutreffen ist.

Schwertgarnitur
Zum Schwert gehörendes Zubehör bestehend aus der Scheide und den Elementen, die zur Befestigung am Gürtel nötig sind. Im weiteren Sinne kann auch der Gürtel selbst dazu gehören, sofern er nur dem Tragen des Schwertes dient.

Sequaner
Keltischer Volksstamm im Gebiet von Rhone, Saône und Jura mit dem Hauptort Besançon.

Situla
(lat. = Eimer) Bezeichnung für ein eimerartiges Gefäß, das aus Bronzeblech zusammengenietet ist.

Spätkeltisch
Summarische Bezeichnung für die Zeit nach den keltischen Wanderungen, die von etwa 250 bis 15 v. Chr. reicht.

Spätlatènezeit
In der archäologischen Forschung Bezeichnung für den Zeitabschnitt zwischen 130/120 bis 15 v. Chr., der mit dem letzten Abschnitt der Latènekultur verbunden ist.

Stellmacher
Bezeichnung für den Handwerker, der Räder, Wagen und andere landwirtschaftliche Geräte herstellt. Bisweilen wird der Begriff gleichbedeutend mit dem Wagner gebraucht. Manchmal aber auch unterscheidend, wobei der Stellmacher dann für das Wagengestell und der Wagner für die Räder zuständig ist.

Sueben
Erstmals von Caesar genannte Gruppe germanischer Völker, die seit dem 2. Jh. v. Chr. als Kultgemeinschaft in Erscheinung traten und ursprünglich im Bereich der Elbe nördlich der Mittelgebirge ansässig waren. Ein starker Zusammenhalt im von den Kelten übernommenen Gefolgschaftswesen und die Betonung des Kriegertums waren für sie kennzeichnend.

Teutonen
Keltischer Volksstamm, der Teil des Volkes der Helvetier war und vermutlich im Bereich um das Mainviereck und südlich davon ansässig gewesen sein dürfte. Da sie später mit den Kimbern zogen, wurden sie in der älteren Forschung fälschlich als Germanen mit Sitz auf der Jütischen Halbinsel angesehen.

Tiguriner
Keltischer Volksstamm, der Teil des Volkes der Helvetier war und in einem nicht näher zu bezeichnenden Gebiet Süddeutschlands ansässig war.

Transportamphore
Großes zweihenkliges Tongefäß mit spitzem Boden und engem Ausguss, das insbesondere von Römern und Griechen für den Transport von Wein und Olivenöl benutzt wurde und in großen Stückzahlen in den Handel gelangte.

Trinkservice
Bezeichnung für das Ensemble von Flüssigkeitsbehältern, welche bei einem antiken Trinkgelage Verwendung fanden. Sie bestanden in der Regel aus einem großen stationären Kessel oder Mischgefäß, in dem der Wein mit Gewürzen versetzt wurde, aus Eimern und Schöpfgefäßen, mit denen das Getränk verteilt wurde, und natürlich aus den Trinkgefäßen. Hinzu kamen Siebgefäße zum Reinigen des Weins und flache Becken zum Waschen der Hände.

Trophäe
(griech. tropaion = Siegeszeichen) Bezeichnung für ein Objekt, das beim Kampf oder bei der Jagd als Zeichen des Sieges dient.

Umwehrung
s. Befestigung

Urbanisierungsprozess
(lat. urbs = Stadt) In der Vorgeschichtsforschung Bezeichnung für die Ausbreitung städtischer Siedlungsformen, die sich durch das Größenwachstum der Siedlungen und die Zunahme des Organisationsgrads erkennen lässt, aber auch verschiedene Veränderungen in Lebensweise, Kultur und Gesellschaft beinhaltet.

Urnenfelderkultur
Zusammenfassende Bezeichnung für spätbronzezeitliche Kulturgruppen, die in regional unterschiedlichen Ausprägungen zwischen dem 13. und 9. Jh. v. Chr. in West-, Mittel- und Osteuropa ansässig waren. Sie war in vielem grundlegend für die nachfolgende eisenzeitliche Hallstattkultur und wurde aufgrund der Sitte, den Leichenbrand der eingeäscherten Toten in Urnen auf größeren Friedhöfen zu bestatten, benannt.

Viereckschanze
Bezeichnung für ein spätkeltisches Gehöft, das mit einem rechteckigen Wall und Graben umgeben ist. Mit Ausläufern in Ostfrankreich sowie in Böhmen und Oberösterreich sind sie vor allem in Süddeutschland verbreitet. Die ältere Deutung als Kultanlage oder Tem-

pel muss heute zu Gunsten einer Nutzung für Siedlungszwecke durch den regionalen Adel aufgegeben werden, in der das Kultische nur einen Teilaspekt darstellt.

Vindeliker
Keltisches Volk im nördlichen Alpenvorland, dessen Hauptort vermutlich das Oppidum von Manching gewesen sein könnte. Als Teilstämme werden die Cosuaneten, Rucinaten, Licatier, Catenaten und Estionen genannt.

Weißer Jura s. Malm

Werkkalk
Weißliches Karbonatgestein, das reich an Fossilieneinschlüssen ist und zusammen mit den Mergelkalken die unterste Schichtfolge im Malm bildet. Er wurde vor 163,5 bis 157,3 Millionen Jahren abgelagert.

Zangentor
Spezifisch keltischer Typ eines Tors, bei dem die beiden Mauerenden einbiegen oder einknicken und eine Gasse bilden, deren inneres Ende durch ein Torgebäude gesichert wird. Angreifende Feinde konnten darin von mehreren Seiten „in die Zange genommen" werden.

Zentralort
Bezeichnung für eine Siedlung, die in Hinblick auf Verwaltung, Politik, Wirtschaft, Religion o. Ä. als Mittelpunkt für das Umland oder eine bestimmte Region fungiert.

Zisterne
In den Fels oder die Erde eingetieftes, abgedichtetes Becken, das als Reservoir für Trink- oder Nutzwasser dient.

Abbildungsnachweis

Helmut Vorndran: **1, 11**; Bayerisches Landesamt für Denkmalpflege: **2, 6, 7, 8, 9, 12, 13, 15, 16, 17, 18, 26, 27, 29, 30, 31, 33, 34, 46, 52, 55, 56, 57, 58, 59, 63, 64, 67 oben links und unten Mitte; 69, 78 links, 82, 85, 88 oben, 89 links, 93, 94, 95, 99 oben u. unten**; Philipp Schinkel: **3, 36, 39, 42, 43 oben rechts u. unten links, 44, 47, 90, 91**; Björn-Uwe Abels: **10**; Stefanie Friedrich (Archäologische Staatssammlung München): **14, 60 Mitte links oben, 65, 66, 67 oben rechts, 68, 71 unten, 74, 75, 77, 80, 81, 83, 87, 92 oben, 96, 99 Mitte unten**; Markus Schußmann: **19, 24, 25, 51, 53 links u. rechts oben, 54, 60, 61, 72, 73, 76, 78 rechts, 79, 84, 86, 88 unten, 97, 98 Mitte unten rechts, 99 Mitte oben**; Detlef Bach: **41, 53, 60 oben rechts, 71 oben, 89 rechts, 98, 100**; René Schäfer: **37, 38**; Konstantin Teichmann **20, 21, 35, 45, 48, 49**; Anja Staskiewicz: **43 oben links und unten rechts**; Link3D: **22, 23, 28, 32, 40, 70, 101**; Andreas R. Bräunling: **50 – 24 oben rechts** nach J. Pauli, Die latènezeitliche Besiedlung des Kelheimer Beckens. Materialhefte zur Bayerischen Vorgeschichte A62 (Kallmünz/Opf. 1993) Abb. 21. – **46** bearbeitet nach: J.W.E. Fassbinder, F. Becker, S. Abandowitz, Vom Datenpuzzle zum Gesamtbild: das latènezeitliche Oppidum Menosgada auf dem Staffelberg. Stadt Bad Staffelstein, Landkreis Lichtenfels, Oberfranken, Das archäologische Jahr in Bayern 2017, Abb. 279. – **61 Mitte, 82 unten links, 87 unten links** nach G. Jacobi, Werkzeug und Gerät aus dem Oppidum von Manching. Die Ausgrabungen von Manching 5 (Wiesbaden 1974). – **62** nach L. Baray (dir.), Les Sénons. Archéologie et histoire d´un peuple gaulois (Gent 2018) Abb. S. 130. – **84 oben rechts** nach I. Kappel, Die Graphittonkeramik von Manching. Die Ausgrabungen in Manching 2 (Wiesbaden 1969). – **92 unten** nach A. Furger-Gunti, The celtic war chariot. The experimental reconstruction in the Schweizerisches Landesmuseum. In: S. Moscati u. a. (Hrsg.), The Celts (London 1991) Abb. S. 358 oben links.